Familles recomposées : un défi à gagner

Sylvie Cadolle

Familles recomposées : un défi à gagner

MARABOUT

Du même auteur chez Marabout :

Deux maisons pour grandir ? Se séparer quand on a des enfants (2004)

© Hachette Livre (Marabout), 2006.

Toute reproduction d'un extrait quelconque de ce livre, par quelque procédé que ce soit, et notamment par photocopie ou microfilm, est interdite sans autorisation écrite de l'éditeur.

Avertissement

• Nous appellerons « beau-parent » le conjoint/la conjointe ou le concubin/la concubine actuel(le) du parent qui a recomposé un couple. Nous ne distinguons pas ceux qui sont mariés des autres, le mariage n'apportant pas beaucoup de changements à la situation, sauf sur les plans fiscal et successoral.

• Nous appellerons « bel-enfant » l'enfant issu d'une précédente union de la personne qui recompose un couple.

• Nous appellerons « parent extérieur » celui des deux parents qui ne fait pas partie du foyer recomposé et qui est donc du même sexe que le beau-parent (sauf dans les couples recomposés homosexuels).

INTRODUCTION

Nous sommes le 1ᵉʳ septembre. Un événement va survenir dans la vie de Coralie, douze ans, et de Blaise, neuf ans. Depuis quatre ans, c'est-à-dire depuis la séparation de leurs parents, ils vivaient seuls avec leur maman. Mais voilà : elle a rencontré un homme, Jacques ; ils s'aiment et ils ont décidé de vivre ensemble, et donc de se lancer dans l'aventure d'une recomposition familiale. Après avoir beaucoup réfléchi, la maman a présenté Jacques à ses enfants, et l'emménagement de ce dernier est prévu pour le lendemain. Cependant, elle se pose encore bien des questions, et elle est aussi heureuse qu'angoissée par la nouvelle vie qui attend sa famille. Elle n'a plus droit à l'erreur.

Vous aussi, après une séparation ou un divorce, vous avez rencontré quelqu'un et espérez retrouver le bonheur familial. Mais vous êtes inquiet pour vos enfants. Comment vont-ils vivre la cohabitation avec celui ou celle que vous aimez ? Vont-ils s'entendre avec leur « beau-parent » ? et avec ses enfants s'il (elle) en a d'une précédente union ? Quel impact la recomposition aura-t-elle sur eux ?

À l'inverse, peut-être venez-vous de rencontrer quelqu'un que vous aimez et avec qui vous envisagez de vivre, mais qui a des enfants d'une précédente union ? Vous vous demandez s'ils vont s'entendre avec vous, si votre arrivée ne va pas être source de tensions, de conflits. Quel impact aura-t-elle sur eux, mais aussi sur votre vie de couple et votre bonheur amoureux ? Est-ce que vous saurez être un bon beau-père, une bonne belle-mère ? Vont-ils vous exaspérer ou risquez-vous d'être exaspérant(e) pour eux ?

Quel que soit votre cas, vous avez donc fait une rencontre amoureuse et avez décidé de vous lancer dans l'aventure d'une recomposition familiale. Vous cherchez à anticiper les problèmes que vous vous attendez à rencontrer pour mieux les résoudre. Comment faciliter l'adaptation des enfants ? Quels pièges éviter ?

De nombreux articles, ouvrages et émissions de télévision traitent aujourd'hui des familles recomposées, mais presque toujours ils montrent des exemples où tout va bien ; on entend souvent dire : « Pas de problèmes, il suffit d'aimer ! Avec de l'amour et de la générosité, on ne voit pas la différence entre les familles recomposées et les autres... »

Quand je fais des conférences, il y a immanquablement quelqu'un dans l'assistance pour me dire que la recomposition familiale ne pose pas tant de problèmes, que je noircis le tableau, que, pour sa part, il a recomposé une famille où tout va bien, où tout le monde s'aime – une famille comme les autres. Et parmi mes collègues sociologues, certains me reprochent de continuer à stigmatiser les familles recomposées, d'en avoir une vision trop négative, comme si la famille ordinaire était la garantie du bonheur... Je n'oublie pas qu'il existe une majorité de recompositions familiales satisfaisantes, ni que la famille formée des père et mère d'origine peut être un enfer. Toutefois, je ne suis pas d'accord avec ceux qui prétendent qu'il n'y a pas de difficultés spécifiques liées aux familles recomposées, et qu'il suffit d'un peu d'amour pour surmonter tous les obstacles. J'ai reçu trop de confidences pendant mes enquêtes et vu trop d'évolutions malheureuses de familles recomposées, que je suis depuis une dizaine d'années, pour croire encore que tout va de soi, à l'image de ces grandes tribus souriant dans les émissions de télévision ou sur le papier glacé des magazines.

On sait bien que, parfois, on souffre parce qu'on aime... L'amour va souvent de pair avec la jalousie. Néanmoins, si dans toutes les familles on peut éprouver de la jalousie, celles qui sont recomposées présentent un terrain plus favorable que les autres à l'apparition de jalousies et de tensions. Or il n'est pas facile d'aimer quelqu'un qui vous exaspère. Ce n'est pas parce qu'un enfant aime son père qu'il aimera la femme que son père aime. Ce n'est pas parce qu'une femme aime un homme qu'elle aimera les enfants de cet homme. L'amour n'est pas la solution, car souvent il est justement le problème : il peut y avoir de la rivalité entre des individus parce qu'ils aiment la même personne.

Par ailleurs, tous les adultes ne sont pas en adoration devant les enfants ; tous ne sont pas patients, ni dévoués. De leur côté, tous les enfants ne sont pas attirants : certains sont capricieux, pleurnicheurs, menteurs, insolents, sans-gêne. Bien sûr, ce n'est pas leur faute : ils ont été mal élevés ou mal aimés. Ils n'en restent pas moins difficiles à supporter pour les adultes qui doivent vivre avec eux, excepté – la plupart du temps – leurs parents. Ces derniers ont pour eux des trésors inimaginables d'indulgence et de patience, et ils savent que les défauts de leurs enfants sont dus à l'éducation qu'ils leur ont donnée. Ils ne peuvent s'en prendre qu'à eux-mêmes. Les beaux-parents, en revanche, ont tendance à accuser les parents de cette éducation, en particulier le parent « extérieur » !

Familles recomposées : un défi à gagner

Bien sûr, il y a une majorité de recompositions où il n'y a pas plus de problèmes que dans d'autres familles, où les enfants sont parfaitement épanouis et équilibrés, où ils éprouvent une grande affection pour un beau-parent dont ils apprécient la présence. Toutefois, nous connaissons tous aussi des familles recomposées où les relations sont tendues, spécialement entre les beaux-parents et les beaux-enfants.

Pour vos enfants, l'arrivée à la maison d'un beau-parent qui va s'interposer entre eux et vous n'est pas anodine. Pensez à la tête que vous feriez si votre fille de six ans vous disait : « Voilà, j'ai rencontré Arthur, c'est mon copain, et désormais, il va vivre avec nous ! » Peut-être cet Arthur serait-il très sympathique, mais son irruption transformerait la vie de la famille : il occuperait la salle de bains, dirait son mot sur le choix des programmes de télévision ou du menu du soir, et il aurait de l'influence sur votre fille. Vous n'auriez pas du tout envie de le retrouver tous les matins au petit déjeuner ; ce serait très angoissant ! Heureusement que les enfants n'ont pas le droit de choisir un frère ou une sœur et de les introduire dans la maison comme les adultes ont le droit de choisir un nouveau conjoint !

En fait, les enfants regrettent souvent non seulement le temps du bonheur familial d'avant le divorce (du moins s'ils s'en souviennent), mais aussi l'époque où ils étaient seuls avec leur parent, avant la recomposition.

En général, il se crée pendant cette période une intimité particulière entre les enfants et le parent avec lequel ils vivent, intimité dont ils se souviennent comme d'un moment privilégié, malgré les difficultés matérielles et le chagrin dû à l'absence de l'autre parent. C'est parfois aussi après le divorce que les enfants découvrent leur père, car pendant la première vie de couple, c'était surtout leur mère qui s'occupait d'eux, et ils ne voyaient leur père qu'avec leur mère. Ce n'est donc qu'après le divorce qu'ils vont voir leur père en tête à tête, découvrir qu'il sait inventer des histoires extraordinaires, improviser des dîners délicieux, et les emmener à l'aventure dans une randonnée en camping au milieu des Causses. C'est également après la séparation que, souvent, mère et enfants vont profiter d'une atmosphère enfin détendue (plus de conflits conjugaux !), la première permettant aux seconds de faire un peu ce qu'ils veulent pour se remettre des bouleversements que tous viennent de traverser.

L'irruption d'un beau-parent peut être perçue par les enfants comme l'arrivée d'un chien dans un jeu de quilles. « Qu'est-ce qu'il (elle) vient faire chez nous celui-là (celle-là) ? » Et s'il a des enfants de son côté, cela va-t-il simplifier la situation ou au contraire la compliquer ?

D'habitude, la relation amoureuse précède l'accueil des enfants. Le nouveau couple dispose d'une « lune de miel » plus ou moins prolongée avant d'affronter les contraintes et les devoirs inhérents aux enfants. Aujourd'hui, les hommes et les femmes ont des enfants parce qu'ils le désirent, se sentent prêts, en ont fait le projet. Avec la recomposition familiale, en revanche, on hérite tout à coup d'enfants qu'on n'a pas choisi d'avoir et à un moment où l'on a parfois plus envie de profiter du bonheur d'une relation amoureuse que de se lancer dans des responsabilités éducatives. Autrefois, c'étaient les parents qui mettaient des obstacles à l'amour en refusant que leurs enfants se marient s'ils n'étaient pas de même milieu social ou de même religion. Aujourd'hui, c'est plus souvent les enfants qui constituent un obstacle au fait de vivre librement une histoire d'amour. Nous avons moins de devoirs envers nos parents que nos ancêtres en avaient, mais beaucoup plus envers nos enfants !

Familles recomposées : un défi à gagner

Pour votre nouveau compagnon ou votre nouvelle compagne, la situation n'est pas simple. Il va lui falloir trouver sa place auprès de vos enfants sans usurper celle de votre ancien(ne) conjoint(e). Vous voudriez qu'il (elle) puisse traiter vos enfants comme s'ils étaient les siens, sans toutefois se prendre pour leur parent. C'est un peu comme marcher sur un fil !

Pourtant, il est important que les choses se passent bien pour chacun. Si la relation est trop tendue entre votre nouveau compagnon (nouvelle compagne) et vos enfants adolescents, soit vos enfants ne voudront plus résider chez vous – ils espaceront leurs visites et vous risquez de perdre le contact avec eux – soit c'est votre nouveau couple qui sera menacé... ! Dans mon enquête, j'ai rencontré plusieurs cas où les enfants demandaient à retourner vivre avec leur père parce qu'ils ne s'entendaient pas avec leur beau-père, mais aussi plusieurs exemples où c'est le beau-père qui partait, au grand soulagement des enfants.

Certains enfants ont une stratégie d'une efficacité redoutable pour faire exploser un couple, et plusieurs m'ont expliqué avoir réussi à faire partir leur beau-père ou leur belle-mère (ce dernier cas est plus rare, car les enfants résidant pour la plupart avec leur mère, ils ont moins d'intérêt à rendre la vie difficile à une belle-mère).

Si vous donnez systématiquement raison à vos enfants, votre compagnon (compagne) risque de craquer, et votre nouveau foyer peut alors exploser. Si vous tenez à préserver votre relation avec votre conjoint(e), il est important de prévenir les conflits.

Introduction

Ce livre ne prétend pas vous donner de solution magique, d'autant que chaque situation est particulière. Cependant, j'ai mené plusieurs longues enquêtes au cours desquelles plus d'une centaine de personnes impliquées dans des recompositions familiales – parents, beaux-parents et enfants – m'ont livré leurs sentiments et leurs réactions. Je pense dès lors pouvoir faire bénéficier ceux qui se lancent dans l'aventure de la recomposition de l'expérience de ceux qui les ont précédés. Cet ouvrage peut vous permettre de mieux comprendre les difficultés qu'engendre cette situation et les réactions des autres membres du réseau familial, en particulier les enfants. En effet, pour leur part, ils n'ont pas choisi la recomposition familiale, et ils ont souvent le sentiment d'y perdre beaucoup, à commencer par l'intimité avec leurs parents.

Pour que les enfants se sentent bien, il faut aussi que les autres acteurs de la famille, et tout d'abord les deux membres du nouveau couple, soient satisfaits. Mais pas seulement. La famille recomposée est un système où chacun tient une place, et dont le fonctionnement dépend de la relation de chacun avec tous les autres.

Vous verrez que les difficultés rencontrées sont fréquentes et normales : le plus important est d'être réaliste, et de ne pas imaginer qu'il n'y aura pas de problèmes ! Si vous lisez ce livre et si vous parlez régulièrement avec votre conjoint de ces difficultés sans culpabiliser, votre couple pourra les résoudre, et vos enfants en tireront bénéfice.

Les recompositions familiales demandent à chacun, et surtout aux enfants, de s'adapter à une situation nouvelle, pour laquelle il n'existe encore que peu de modèles. Bien des questions se posent. Quel rôle doit jouer le beau-parent auprès des enfants de son conjoint ? Que faire si l'un des enfants n'aime pas le nouveau conjoint de son parent, ou inversement ? si les enfants ne se supportent pas et se disputent sans cesse ? Peut-on demander à des grands-parents de considérer comme leur petit-enfant l'enfant du conjoint de leur enfant ? On peut déjà trouver quelques repères...

Dans un premier temps, nous vous proposons de faire un diagnostic des circonstances de votre recomposition. Certaines situations comportent plus de risques que d'autres, et il vaut mieux le savoir pour les anticiper.

Dans un second temps, nous nous lancerons dans un exercice difficile : nous tenterons de donner des conseils. En effet, même les situations statistiquement les plus risquées peuvent évoluer dans le bon sens à condition que chacun soit conscient des difficultés. Cela lui évitera de se culpabiliser et surtout de culpabiliser son conjoint.

1. Beaucoup de questions, quelques réponses

Il y a une trentaine d'années, personne ne parlait de familles recomposées. Pourtant, les remariages ont toujours existé. Autrefois, il s'agissait de remariages après veuvage. Les familles recomposées ne sont donc pas une nouveauté. Il y a plusieurs siècles, il y en avait au moins autant qu'aujourd'hui, car le veuvage précoce était courant. Toutefois, elles n'avaient pas bonne presse. La belle-mère et le beau-père traînaient de bien mauvaises réputations, et ces vieux préjugés ont la vie dure !

Qu'est-ce qu'une famille recomposée ?

Une famille recomposée est un foyer où vit au moins un enfant issu d'une union antérieure d'un des membres du couple. Cet enfant habite alors avec un parent et un beau-parent.

Autrefois, la marâtre

Depuis le plus lointain passé, dans les contes, les mythes, les romans, mais aussi dans les biographies que l'on a retrouvées, la mort d'un parent et le remariage de l'autre signifiaient toujours que les enfants allaient être malheureux. Autrefois, on appelait marâtre la nouvelle femme du père, et elle était systématiquement présentée comme jalouse, avare et cruelle. Cendrillon, par exemple, est la victime d'une belle-mère qui cherche à l'avilir pour favoriser ses propres filles.

> « Il était une fois un gentilhomme qui épousa en secondes noces une femme, la plus hautaine et la plus fière qu'on eût jamais vue. Elle eut deux filles de son humeur et qui lui ressemblaient en toutes choses. Le mari avait de son côté une fille, mais, au contraire, d'une douceur et d'une bonté sans exemple. [...] Les noces ne furent pas plus tôt faites que la belle-mère fit éclater sa mauvaise humeur ; elle ne put souffrir les qualités de cette jeune enfant qui rendait ses filles encore plus haïssables. Elle la chargea des plus viles occupations de la maison. La pauvre fille souffrait tout avec patience, et n'osait se plaindre à son père, qui l'aurait grondée parce que sa femme le gouvernait entièrement. »
>
> *Contes* de Perrault

Nous trouvons des contes traditionnels qui racontent la même histoire que Cendrillon aussi bien en Chine qu'en Afrique de l'Ouest. Certains psychanalystes (tel Bruno Bettelheim dans la *Psychanalyse des contes de fées*) expliquent que ce conte correspond bien au point de vue de l'enfant, qui a toujours plus ou moins tendance à se sentir mal aimé, voire maltraité comme Cendrillon parce qu'il est jaloux de sa belle-mère et de ses frères et sœurs. Blanche-Neige est elle aussi en butte aux manigances de sa belle-mère, la reine, horriblement jalouse parce qu'elle a été belle jadis et qu'elle ne supporte pas d'être désormais supplantée par sa trop jolie belle-fille.

Il en va de même dans les romans pour enfants de la comtesse de Ségur. Dans *Les Petites Filles modèles,* madame

Fichini, la seconde femme du père décédé de Sophie, est une figure célèbre de la littérature enfantine. Elle ne connaît que le fouet comme mode d'éducation. Se débarrasser de Sophie est son obsession, et elle ne s'en cache pas. La petite orpheline trouve refuge chez madame de Fleurville, horrifiée par la méchanceté de la belle-mère. Par exemple, madame Fichini accuse sans preuve Sophie d'avoir bu le vin d'un carafon :

> « Elle se précipita sur elle, la saisit par l'oreille, l'entraîna dans la chambre d'à côté et, malgré les protestations et les pleurs de Sophie, elle se mit à la fouetter, à la battre jusqu'à ce que ses bras fussent fatigués... Madame Fichini : Ce qui vient de se passer, mesdames, me donne plus que jamais le désir de me séparer de Sophie ; je crains seulement que vous ne vouliez pas recevoir chez vous une fille si méchante et si insupportable... Ainsi donc vous voulez bien consentir à m'en débarrasser ? »
>
> La comtesse de Ségur, *Les Petites Filles modèles*

Pourquoi cette mauvaise réputation des marâtres d'autrefois ? À cette époque les enfants étaient traités à la dure par tout le monde, et l'on pensait que donner une bonne éducation c'était d'abord corriger les enfants en les punissant de tous leurs défauts. Les parents étaient pourtant attachés à leur progéniture et pouvaient être affectueux, mais une belle-mère qui devait prendre en charge les enfants de son nouveau conjoint en plus des siens n'avait aucun scrupule à les punir pour le moindre écart. L'idée ne venait à personne que cela pût avoir des effets négatifs sur le psychisme des enfants. La psychologie n'existait pas. Aujourd'hui, le père de Cendrillon serait convoqué par le psychologue scolaire, et Cendrillon irait au CMPP (centre médico-psycho-pédagogique, où les enfants sont reçus par des psychologues) ! D'autres considérations entraient également en ligne de compte : il y avait des questions de concurrence pour l'héritage entre les enfants du premier lit, le second conjoint et ses enfants. Dans l'Europe rurale des siècles passés, il n'y avait pas de terre pour nourrir tout le monde. Savoir qui hériterait de la ferme ou du domaine était plus décisif qu'aujourd'hui où, sauf exception, les diplômes scolaires sont plus déterminants que l'héritage financier pour la réussite sociale.

Marraine et marâtre

Dans la tradition chrétienne, entre autres, les parents demandent à un ami ou à quelqu'un de la famille d'être le parrain ou la marraine de leur enfant, c'est-à-dire de veiller sur son éducation et son bien-être. Le baptême, considéré par les chrétiens comme une seconde naissance, crée une parenté spirituelle. Parrains et marraines offrent des cadeaux, participent aux rites religieux qui accompagnent l'accueil de l'enfant dans le groupe social auquel il appartient, sont présents à toutes les étapes de sa vie et servent d'intermédiaires entre lui et ses parents. Dans un très joli album (voir Bibliographie, p. 174), « la marâtre », celle qui est apparue d'abord au petit garçon comme une vilaine sorcière, se transforme au fil des pages. Elle est si douce, si généreuse et dotée de telles qualités que le petit garçon finit par tomber dans ses bras et ceux de son père en s'exclamant : « C'est ma marraine-fée ! » Pourtant, assimiler les rôles du beau-père et de la belle-mère à ceux du parrain et de la marraine est peut-être une fausse bonne idée. En tout cas, elle est contraire à la tradition, comme nous l'apprennent les ethnologues (Agnès Fine, *Parrains, marraines, la parenté spirituelle en Europe,* Fayard, 1994). Autrefois, la marraine ne devait jamais épouser le père de son filleul, ni le parrain épouser sa mère, même en cas de veuvage de l'un des parents. Pourquoi cet interdit ? Peut-être parce que parrains et marraines devaient rester à une certaine distance, dans une position où ils pouvaient être un recours pour l'enfant s'il se sentait maltraité par un éventuel beau-parent.

La marraine-fée des contes est un recours pour l'enfant, et la même personne ne pouvait jamais être en même temps la femme du père et la marraine. Cette tradition nous rappelle aussi l'importance d'avoir un parrain et une marraine pour l'enfant qui a tendance à se trouver incompris et mal aimé par ses parents. La baisse de la pratique religieuse et du nombre de baptêmes d'enfants rend la désignation de parrains et de marraines moins fréquente qu'il y a une cinquantaine d'années. Il existe pourtant un baptême civil. Il se pratique dans la plupart des mairies avec remise d'un certificat de parrainage civil. Bien que cette cérémonie ne crée aucun lien légal entre les parrain/marraine et l'enfant, elle correspond au souhait d'un certain nombre de parents : selon eux, l'absence de conviction religieuse ne doit pas empêcher l'enfant de bénéficier de « parents de secours », avec qui il pourra développer un lien privilégié, fondé d'abord sur la complicité. Lorsque parents et beaux-parents sont pris dans un conflit, ce qui est toujours cruel pour l'enfant, pouvoir parler et être accueilli par un adulte resté à distance de ce conflit tout en étant dans une proximité chaleureuse avec l'enfant peut être salutaire pour lui.

Autrefois, le parâtre

Le nouveau mari de la mère était appelé « parâtre ». Il apparaissait souvent comme un usurpateur, voire, dans certains mythes, comme celui qui avait assassiné le père pour épouser la mère et s'emparer du trône ou de la fortune du défunt. Dans *David Copperfield,* de Charles Dickens, le beau-père dilapide l'héritage de son beau-fils et l'envoie au loin dans une horrible pension.

Dans certains récits néanmoins, la mère, veuve ou abandonnée, est recueillie avec ses enfants par un nouveau mari qui prend ces derniers en charge généreusement. Cette image de père nourricier trouve ses racines dans la tradition chrétienne avec la figure célèbre, bien que discrète, de saint Joseph, l'époux de Marie, la mère de Jésus.

Aujourd'hui, les nouvelles tribus ?

Depuis une vingtaine d'années, les familles recomposées sont sorties de l'ombre pour apparaître dans les films, les émissions de télévision et les articles de magazines. On filme la grande tribu à table le dimanche, et l'on s'extasie d'être incapable de distinguer qui est l'enfant de qui, et qui est le parent de qui : « Regardez, comme l'ambiance est gaie et chaleureuse, on dirait une famille comme les autres ! Ce sont les nouvelles familles nombreuses ! »

Si nous employons à ce propos l'expression « nouvelle mythologie », c'est que la famille recomposée n'est pas exactement comme les autres. Elle n'a pas à prendre pour modèle la famille formée des deux parents « biologiques », ni la famille adoptive : aujourd'hui, un enfant qui a un beau-parent n'est pas orphelin, et le beau-père n'a pas à remplacer le père, ni la belle-mère à remplacer la mère, sauf dans une minorité de cas.

Il faut toutefois savoir que rares sont les situations où se retrouvent ensemble, dans la bonne humeur et l'amitié, les deux parents séparés, leurs nouveaux compagnons, tous les enfants ainsi que les grands-parents pour fêter Noël ou les anniversaires, même si elles existent et constituent un

> **Changement d'image**
>
> Autrefois, le beau-père, et plus encore la belle-mère, souffraient d'une mauvaise réputation. Prenant la place d'un parent décédé, ils étaient soupçonnés – à tort ou à raison – de vouloir écarter l'enfant de leur conjoint pour préserver leurs propres intérêts. Au XXe siècle, le veuvage est devenu moins courant, et à partir des années 1970, avec la banalisation du divorce, les familles recomposées ont acquis une nouvelle image, le beau-parent n'ayant plus à remplacer le parent défunt.
> Une nouvelle mythologie s'est construite autour de ces « nouvelles tribus » présentées comme heureuses, ouvertes, chaleureuses. Elles seraient le modèle de la famille de demain. Autant le divorce inquiète, autant la recomposition familiale suscite de l'espoir, de la sympathie ; on expérimenterait là un nouveau code familial, où les liens du sang n'auraient plus de privilèges. La télévision s'est emparée avec enthousiasme de ce thème réconfortant. On affirme volontiers que tous les enfants de la fratrie recomposée s'entendent comme frères et sœurs, que le beau-parent traite son bel-enfant comme s'il était le sien, que chacun peut choisir sa famille, les liens du sang étant secondaires.

modèle qui fait envie. Plus fréquente est la démultiplication des Noëls et des anniversaires. Il est de plus en plus courant qu'un enfant fête trois ou quatre fois Noël ou son anniversaire, d'autant que les grands-parents tendent eux aussi à être toujours plus nombreux à divorcer.

Un nombre croissant d'enfants de parents séparés ou divorcés assistent donc à la remise en couple de l'un de leurs parents ou des deux. Qu'en est-il pour eux ? et pour les parents et les beaux-parents ? Beaucoup d'enquêtes ont été faites à ce sujet aux États-Unis, au Canada et en France afin de mieux comprendre ce nouveau mode familial.

Familles recomposées : un défi à gagner

Que sait-on sur les familles recomposées ?

Dans quels types de familles vivent les jeunes Français ?
Selon une enquête de l'INSEE (Corinne Barre, *Enquêtes et études démographiques de l'INSEE,* n° 901, juin 2003), en 1999, en France, un enfant sur dix vivait dans une famille recomposée. Sur un total de 18,2 millions de jeunes de moins de vingt-cinq ans, 2 millions ne vivaient plus avec aucun de leurs parents (la plupart d'entre eux avaient plus de dix-huit ans).
Sur les 16,2 millions restant :
• 12,5 millions vivaient avec leurs deux parents, dont 0,5 million avec leurs deux parents mais avec un demi-frère ou une demi-sœur ;
• 2,7 millions habitaient en foyer monoparental ;
• 1,1 million habitaient avec un beau-parent.
Depuis 1999, on peut évaluer que le nombre d'enfants qui résident dans une famille recomposée a augmenté de 10 % et que par conséquent, 1,7 million d'enfants (soit 11 %) résident aujourd'hui en familles recomposées.

Combien de familles recomposées ?
Actuellement une famille avec enfants sur dix est recomposée, et deux familles sur dix sont monoparentales. On compte 708 000 familles recomposées au sens strict du terme (pour 1,6 million de familles monoparentales).
Parmi les enfants qui vivent dans ces familles recomposées, 37 % habitent chez leur père, 63 % chez leur mère. Dans la majorité des familles recomposées, les enfants sont donc confrontés à la présence d'un beau-père.
Cependant, en raisonnant ainsi, on ne prend pas en compte les nombreux enfants vivant avec un parent qui n'a pas recomposé de couple, mais dont l'autre parent l'a fait, autrement dit tous les enfants qui vont chez un beau-parent passer le week-end ou des vacances.
Un bon nombre de familles ont été recomposées par la formation d'un nouveau couple à la fois par le père et par la mère, et les enfants circulent entre ces deux foyers à géométrie

variable : par exemple, les enfants d'une femme qui s'est remise en ménage résident habituellement chez elle et leur beau-père, mais un week-end sur deux les enfants de ce dernier débarquent. Le week-end suivant, on ne voit plus d'enfants au foyer car ils sont tous chez leur autre parent – ceux de cette femme sont en visite chez leur père, ceux de son nouveau compagnon restent chez eux avec leur mère.

Remariage ou union libre ?
Aujourd'hui, le remariage est concurrencé par la cohabitation en union libre après un divorce. On peut estimer que, dans les familles recomposées, seuls 50 % des couples se sont remariés. En général, le remariage n'est envisagé que si le nouveau couple a un enfant ou après de nombreuses années de vie commune, quand vient l'âge de penser aux questions de succession.

Qu'est-ce qu'un « beau-parent » ?

Est-ce le remariage qui fait du compagnon de la mère un beau-père, et de la compagne du père une belle-mère ? Au sens strict, oui, et le passage devant le maire peut avoir une importance symbolique pour les enfants. En effet, il donne un statut officiel à une relation qu'ils pouvaient penser passagère. Toutefois, beaucoup de couples ne se remarient pas, préférant vivre en union libre. Parfois même, ils hésitent longtemps à s'engager. À partir de quel moment peut-on alors dire d'un(e) ami(e) du parent qu'il (elle) est le beau-parent de l'enfant ? Cela dépend de chaque situation, et surtout de l'âge de l'enfant au moment où le beau-parent s'installe avec le parent. L'étape décisive, c'est la cohabitation, le partage de l'intimité au quotidien, avec ses bons et ses mauvais côtés. Ensuite, c'est progressivement que le beau-parent est intronisé comme tel.

Certains ne feront jamais vraiment partie de la famille pour leur bel-enfant. C'est en général le cas quand le nouveau couple s'est formé alors que l'enfant était déjà sorti de l'adolescence, ou quand le nouveau venu et l'enfant n'ont jamais vécu sous un même toit.

D'autres, en revanche, seront considérés par leurs beaux-enfants comme leur « vrai père », ou leur « vraie mère ». C'est en général le cas quand ils ont été plus ou moins abandonnés par leur parent d'origine, et que leur beau-parent les a élevés depuis leur petite enfance.

Il arrive que l'un des parents intronise le beau-parent. Par exemple, dans l'une des situations de mon enquête, le père a dit à ses enfants : « Maintenant, c'est Georges qui va vivre avec vous et qui va vous élever, moi, je ne vous verrai plus beaucoup. » Heureusement, une telle situation est rare pour les enfants, dont on reconnaît aujourd'hui le droit à garder un contact étroit avec leurs deux parents. Aucun n'a plus à renoncer à être le parent de son enfant parce qu'après le divorce, il ne réside plus toute la semaine avec lui, comme c'était souvent le cas autrefois.

Quel est le rôle d'un « beau-parent » ?

En fait, on ne le sait pas très bien. Autrefois, le rôle du beau-parent était clair. Il remplaçait le parent décédé (avant la légalisation du divorce en 1884) ou « coupable » (lorsque le divorce pour faute fut autorisé en 1884 et avant que le divorce par consentement mutuel soit promulgué en 1975). Il échouait d'ailleurs le plus souvent devant cette tâche impossible. On demandait par exemple à l'enfant d'appeler sa belle-mère « maman » avant que des liens d'affection aient seulement pu se tisser entre eux, liens qui ne naissaient pas toujours... Désormais, il est exceptionnel que le beau-parent remplace un parent disparu, mais en tant qu'adulte il participe à l'éducation de l'enfant : il aide le parent. Le droit (la législation) est muet à son sujet : il n'y a ni droits ni devoirs spécifiques entre beau-parent et bel-enfant, même quand le beau-parent est marié avec le parent. Aujourd'hui, nous avons deux idéaux antagonistes, deux modèles contradictoires quant au rôle du beau-parent.

Le modèle du parent adoptif

Le beau-parent ne doit pas être indifférent, d'après certains. Il doit traiter son bel-enfant comme s'il était son enfant. Par exemple, le beau-parent est critiqué si à Noël il offre à son propre enfant un plus beau cadeau qu'à son bel-enfant. Une belle-mère qui fait un bisou à son enfant avant qu'il s'endorme et qui n'agit pas de même avec son beau-fils de six ans est jugée comme peu affectueuse.

Le modèle du couple parental indissoluble

On considère que le divorce ne change rien au lien parent-enfant. Un parent responsable continue à prendre en charge ses enfants. Il n'est donc plus question que le beau-parent usurpe la place du parent. S'il se rend à la réunion de parents d'élèves avec son conjoint ou s'il signe le carnet scolaire, le parent extérieur peut s'en offusquer, et croire qu'il entend prendre sa place et s'adjuger son rôle.

> Valérie a acheté un pantalon à la mode et un blouson d'une marque connue pour habiller Julie, sa belle-fille de huit ans, mais la mère de Julie, quand celle-ci rentre à la maison, lui demande de se changer immédiatement car elle déteste qu'elle soit habillée de cette façon. D'après elle, il s'agit d'une tenue vulgaire, de mauvais goût et prétentieuse. La tenue achetée par Valérie a disparu dans une armoire de la mère de Julie, qui ne l'a jamais remise.

> Julie a expliqué à Valérie qu'elle l'avait perdue, et Valérie a compris. Désormais, avant de partir le dimanche soir ou au retour des vacances, Julie remet la tenue dans laquelle elle était arrivée.

Certaines mamans n'apprécient pas que la belle-mère se mêle de choses qui, d'après elles, ne la regardent pas. Elle n'a pas son mot à dire quand il s'agit d'envoyer ou non l'enfant au catéchisme, de l'inscrire ou non à la danse ou au judo, de choisir la langue étrangère à apprendre ou d'établir le programme des vacances. C'est que la mère n'a pas l'intention de céder ses prérogatives ni son rôle. Le carnet de santé de l'enfant, surtout quand celui-ci est petit, reste le plus souvent chez elle. Céder le carnet de santé lui semble insupportable, car elle se sent responsable de l'enfant qu'elle a mis au monde. Elle ne veut pas être remplacée et a peur que la belle-mère ne prenne trop d'importance dans la vie de son enfant.

Une place à trouver

On ne considère plus le beau-parent comme un substitut du parent, contrairement à ce qui se passait jusque dans les années 1960 (en cas de veuvage notamment). Aujourd'hui, on tend à reconnaître qu'il a une place à lui dans la pratique quotidienne des familles. Ainsi, on évite que le jeune enfant appelle son beau-père « papa » quand son père continue à s'occuper de lui, afin que celui-ci n'ait pas la douloureuse impression d'être supplanté dans le cœur de son enfant. Les nouveaux idéaux veulent préserver la place des parents biologiques. Les beaux-parents doivent donc trouver une place originale. Ils ne sont pas des rivaux du parent, mais en tant qu'adultes, ils ont des droits et des devoirs à l'égard des enfants avec lesquels ils vivent : droit au respect, devoir de bienveillance.

L'une des étapes les plus importantes pour le statut du compagnon de la mère ou de la compagne du père est l'arrivée d'un enfant dans leur couple. Pour les autres enfants, celui qui était le « copain de maman » va devenir le père de leur petit frère (ou de leur petite sœur) ; celle qui était la « copine de papa » va devenir la mère de leur petit frère (ou de leur petite sœur). Dès lors, le beau-parent va vraiment faire partie de leur famille : le couple recomposé va vraiment devenir « les parents ».

Questions de vocabulaire

Dans la langue française, on manque de mots pour désigner les différents membres de la famille recomposée. Un même mot – beau-père – s'applique au père du conjoint et au nouveau mari de la mère.

Il n'y a pas non plus de terme spécifique pour que l'enfant s'adresse à lui. En effet, « papa » est réservé aujourd'hui au père d'origine, au père « généalogique », ce qui fait que les enfants appellent le beau-père par son prénom. L'inconvénient de ce procédé est qu'il ne met pas en évidence l'écart de génération entre le beau-parent et l'enfant. Cela incite l'enfant à considérer le beau-parent comme un copain, un égal, ce qui n'aide pas celui-ci à avoir une quelconque autorité sur celui-là.

Il n'existe pas non plus de mots pour désigner les enfants du nouveau conjoint de son père ou de sa mère. C'est l'une des difficultés de la famille recomposée : on manque de vocabulaire pour en parler et pour désigner les liens entre ses membres.

> « Si Anoushka est devenue très forte en grammaire, c'est à cause de sa situation familiale. À force d'expliquer, par exemple : "La dame avec laquelle mon papa habite", ou "Le monsieur avec lequel ma maman habite", les relatifs

compléments n'ont plus eu de secrets pour elle. Mais alors ont commencé les problèmes de vocabulaire : "tes demi-frères", passe encore, ils sont jumeaux et ils étaient si petits la première fois qu'Anoushka les a vus… C'était sans doute normal qu'elle les appelle comme ça. Mais "ton beau-père", "ta belle-mère", quels mots étranges vraiment ! Et comment faut-il l'appeler, celui que tout le monde appelle Frog, qui est de la famille sans en être vraiment ? Si Juliette est ma belle-mère, Frog devrait être mon beau-frère… »

Pierrette Fleutiaux, *Mon frère au degré X*

Comment se portent les familles recomposées ?

En ce qui concerne les familles elles-mêmes

Ma première réponse serait de dire : les familles recomposées sont comme les autres, certaines vont bien, d'autres vont mal, et la situation peut évoluer. Il convient néanmoins de préciser que l'avis des parents n'est pas toujours le même que celui des enfants. Lors des premières enquêtes par entretiens sur les familles recomposées menées à la fin des années 1980, on a interrogé les beaux-parents. Cela a permis de contre-balancer les vieux stéréotypes qui les stigmatisaient. La plupart d'entre eux sont en effet bienveillants à l'égard de leurs beaux-enfants, et les parents qui ont recomposé une famille sont en général satisfaits de l'ambiance de leur nouveau foyer.

Comment appeler…

… le compagnon de ma mère, qui n'est pas son mari car elle n'est pas remariée ?
Peu importe. Les enfants l'appellent en général par son prénom et le désignent aux autres en disant : « c'est le copain de ma mère » et, au bout de quelque temps, pour simplifier,

« c'est mon beau-père ». D'ailleurs, les sociologues, en France du moins, ne distinguent pas non plus les familles recomposées où le couple est remarié de celles où il ne l'est pas, tant leur fonctionnement est similaire.

... le fils du mari de ma mère, fils qu'il a eu avant de la connaître (ou la fille de la femme de mon père, etc.) ?
Il n'est pas le frère de votre enfant, mais il est, ou sera peut-être, le demi-frère de son demi-frère, si vous avez eu (ou envisagez d'avoir) un enfant avec son beau-père.
En anglais, il existe un mot spécial pour désigner le « frère par le remariage de l'un de ses parents » : *stepbrother*. En français, l'équivalent serait « beau-frère », mais il y a déjà équivoque entre le mari de la sœur et le frère de la femme. Les enfants entre eux parlent parfois de « faux-frère », quand ils ne s'aiment pas particulièrement, ou de « demi-frère » quand ils s'entendent bien. Cependant, cette dénomination est erronée, car les demi-frères ont un parent commun. Les sociologues et les psychologues essaient d'introduire le terme de « quasi-frère », mais la presse et le grand public, qui ont bien adopté l'expression de « famille recomposée », rechignent à l'utiliser.
Vous pouvez donc expliquer à votre enfant : « Tu peux parler de lui (ou d'elle) en disant "c'est mon presque-frère" (ou ma "presque-sœur") ou, pour t'amuser, "mon quart de frère" ou "ma quart de sœur" ». Ainsi disaient certains enfants de mon enquête.

... le demi-frère (ou la demi-sœur) que ma mère a eu(e) avec mon beau-père ?
Voici ce que vous pouvez dire à votre enfant : « Comme c'est un bébé adorable et que tu l'adores, c'est ton frère (ta sœur) à part entière, et on ne parlera jamais de demi ! »
La fraternité est très valorisée par les enfants, et même s'ils sont plus proches de leurs frères et sœurs germains (de même père et de même mère) que de leurs demi-frères ou demi-sœurs, plus on a de frères et sœurs, quels qu'ils soient, mieux on se porte. Dès lors, on ne parle plus que de frères et sœurs !

Les enfants ne parlent de demi-frère ou demi-sœur que lorsqu'ils ne les connaissent pas ou pratiquement pas. Cela peut être le cas, notamment, quand un père a eu des enfants d'une première union, a ensuite perdu le contact avec eux, puis a eu des enfants d'une autre union.

... les parents de mon beau-père qui sont les grands-parents de mon petit frère ?
Vous pouvez répondre à votre enfant la chose suivante : « Tu as déjà quatre grands-parents [s'ils sont tous en vie et qu'il a la chance de les connaître]. Mais les parents de ton beau-père sont presque des grands-parents pour toi, surtout qu'ils sont les grands-parents de ton demi-frère. Ce sont tes "beaux-grands-parents". Cherche avec eux comment les appeler : par exemple si ton "beau-grand-père" s'appelle Jean, tu peux l'appeler "Papijean", pour ne pas le confondre avec tes autres grands-pères. »

Mais les enquêtes plus récentes par entretiens réalisées auprès des beaux-enfants ont montré que certains d'entre eux, surtout à l'adolescence, sont très négatifs quant aux relations qu'ils entretiennent avec leurs beaux-parents et à la qualité de leur vie de famille.

Par ailleurs, des chercheurs américains ont établi que, quand il y avait des enfants issus de la première union, le taux de dissolution des remariages était 10 % plus élevé que celui des premiers mariages, les cohabitations étant encore moins stables. Ce pourcentage n'est pas considérable : la vie de couple, d'une manière générale, est difficile, puisqu'on en attend le bonheur, rien que ça !... La recomposition familiale n'en augmente pas beaucoup les difficultés. Toutefois, les choses ne vont pas toujours en s'améliorant, et certaines recompositions familiales, qui avaient bien commencé, ont échoué à la suite de tensions croissantes. Une étude canadienne comparative (Juby,

Marcil-Gratton, Le Bourdais, Huot, *Rapport sur l'état de la population au Canada en 2000,* 2001) faite par des démographes a fait ressortir la fragilité spécifique des familles recomposées : les enfants nés dans une famille recomposée sont plus susceptibles que ceux nés dans une famille « intacte » de voir leur famille se décomposer. En effet, les enfants de famille « intacte » ont 20 % de risques de voir leurs parents se séparer ; pour les enfants dont la mère est aussi une belle-mère ou dont les deux parents ont des enfants nés d'unions antérieures, ce taux passe à 34 % ; il monte à 56 % pour ceux dont le père est aussi un beau-père.

Or l'instabilité familiale et les conflits qui la favorisent ou l'accompagnent sont un obstacle à la bonne adaptation des enfants, comme nous allons le voir.

En ce qui concerne les enfants

La grande majorité des jeunes qui ont vécu dans une famille recomposée vont bien. Toutefois, certaines enquêtes indiquent qu'ils sont un peu plus exposés à l'apparition de problèmes que les enfants élevés dans des familles « intactes ». D'après des enquêtes américaines, alors que 10 % des enfants présentent des problèmes de comportement, la proportion est de 17 à 29 % pour ceux qui vivent dans une famille recomposée.

Plusieurs enquêtes ont montré que plus un enfant a vécu de changements familiaux atypiques – séparation de ses parents, recomposition, échec de la recomposition, séparation d'avec un frère, une sœur, un demi-frère ou une demi-sœur, nouvelle recomposition –, plus il risque de présenter des problèmes de comportement et un déficit d'estime de soi. Or, au Canada, un jeune sur dix a vécu cinq de ces changements familiaux atypiques depuis sa naissance, parce qu'il a vécu au moins une recomposition familiale qui a échoué.

Ce genre d'enquête quantitative n'a pas été réalisée en France, où les recompositions familiales sont moins fréquentes. Mais l'échec de la recomposition familiale est rarement un événement positif pour les enfants, même s'il est souhaité par certains, qui souffrent d'une mauvaise relation avec leur beau-parent parce qu'ils ont l'impression que ce dernier leur a volé leur parent.

La nouvelle rupture familiale à laquelle ils sont soumis ne sera jamais aussi positive pour eux que l'aurait été l'expérience du rétablissement de la communication dans la famille après une crise, et le dépassement de cette crise. Dans notre société actuelle, les conflits et les crises font partie de la vie tant de la famille que du couple. Cela vient du fait qu'il n'y a plus un dominant et des dominés qui n'ont qu'à se soumettre en silence, comme c'était le cas à l'époque où ni les femmes ni les enfants n'avaient leur mot à dire. Ce qui est vrai de tous les couples actuels l'est encore davantage des familles recomposées. C'est pourquoi il est important d'insister sur le fait que recomposer une famille stable et favorisant l'épanouissement de tous est un véritable défi. Cela étant, pour revenir aux statistiques énoncées précédemment, il ne faut pas perdre de vue que, d'après ces enquêtes qui portaient sur des milliers de cas, dans leur majorité les familles recomposées se sont révélées stables et harmonieuses.

Pour atteindre cette stabilité et cette harmonie, chacun doit dépasser les difficultés et les crises qui ne manqueront pas de survenir. Nous partons du principe qu'aider ses enfants à bien vivre la recomposition familiale, c'est d'abord construire une famille durable.

On connaît assez aujourd'hui les difficultés spécifiques aux recompositions familiales pour qu'il soit possible de prévenir les obstacles et de mettre en garde les acteurs de ces recompositions contre les pièges les plus fréquents dans lesquels ils risquent de se trouver enfermés.

De quel type de famille recomposée faites-vous partie ?

Il existe quatre types de familles recomposées selon la fratrie d'enfants dont elles sont composées. Qui sont les enfants présents au foyer recomposé et ceux qui y viennent par intermittence ? des demi-frères et demi-sœurs, des quasi-frères et quasi-sœurs ou les deux ? Les relations entre beau-parent et bel-enfant dépendent en partie des enfants que les nouveaux conjoints ont déjà chacun de son côté.

Les démographes qui s'intéressent aux types de foyers recomposés ne prennent en compte généralement que les enfants qui y résident au quotidien. Mais les sociologues trouvent important de considérer également les enfants circulant entre le foyer de leur père et celui de leur mère, qui vivent la recomposition dans le foyer où ils ne résident pas officiellement mais où ils vont le week-end, par exemple.

Premier type : les fratries où le beau-parent n'a pas d'enfant à lui (ou dont les enfants ne résident pas avec lui)

Les seuls enfants sont ceux du conjoint du beau-parent, qui est en général un beau-père. Dans ce type de recomposition, l'âge des enfants au moment où le beau-parent se met en couple avec le parent joue un rôle très important. S'ils sont petits et que le beau-parent vit avec eux au quotidien,

Familles recomposées : un défi à gagner

il y a des chances pour qu'il ait l'impression d'être leur parent et qu'il se comporte comme tel.

> Alain, sans enfant, a trente-huit ans quand il rencontre Colette, qui en a trente-cinq. Elle a un petit garçon de six ans et une petite fille de deux ans. Alain ne tient pas à ce qu'ils fassent ensemble un troisième enfant, et il s'investit dans un rôle paternel auprès des deux petits.

50 % des familles recomposées sont de ce type. Plus précisément, 40 % des familles recomposées ne comprennent que les enfants de la mère, enfants qui résident avec elle. Seuls 10 % sont des foyers où ne vivent que les enfants du père, qui en a la garde.

Les démographes incluent dans cette catégorie les foyers dans lesquels le beau-parent a des enfants à lui, mais qui ne résident pas ou plus avec lui. Si les enfants du beau-parent viennent souvent (résidence en alternance), on se rapproche de la famille de type n° 3.

Deuxième type : les fratries à demi-frères (demi-sœurs)

Quand une femme se sépare du père de son enfant avant trente/trente-cinq ans, ou qu'un homme se sépare de la mère de son enfant avant trente-cinq ans, ils ont statistiquement des chances de rencontrer chacun un conjoint assez jeune qui n'a pas encore d'enfants. Si tel est le cas, ils vont probablement souhaiter en avoir ensemble. Cet enfant du nouveau couple sera le demi-frère des enfants issus d'une union antérieure. Ce type de famille recomposée aura une fratrie où les enfants auront tous un parent commun.

> Georges a trente-cinq ans et un petit garçon de cinq ans en résidence alternée lorsqu'il rencontre Agnès, qui a

vingt-huit ans. Ils ont deux autres enfants ensemble, et Agnès s'investit dans un rôle maternel auprès de son beau-fils, le frère aîné de ses enfants.

Alice a trente et un ans, deux enfants qui vivent avec elle, et Jérôme, trente-huit ans, est sans enfant. Ils décident d'avoir ensemble Nicolas.

Près du tiers des familles recomposées sont de ce type.

Troisième type : les fratries à quasi-frères (quasi-sœurs)

Quand une femme se sépare du père de ses enfants après trente-cinq ans, ou un homme de la mère de ses enfants après quarante ans, ils ont statistiquement des chances d'avoir déjà eu un ou deux enfants, et de rencontrer un nouveau conjoint de leur âge qui aura déjà au moins un enfant. Ils auront probablement moins envie ou moins de possibilités (pour la femme) d'en faire un ensemble. Ce type de famille recomposée aura une fratrie où les enfants n'auront aucun parent commun. Il peut s'agir alors d'une recomposition plus conjugale que familiale : dans certains cas, le compagnon de la mère ou, plus souvent, la compagne du père qui vit avec des beaux-enfants n'intervient pas beaucoup dans leur éducation. Ses beaux-enfants ne le (la) connaissent pas très bien, et il (elle) n'a pas une relation très forte avec eux.

Jean a quarante-trois ans et deux enfants de quinze et treize ans quand il rencontre Anne, âgée de trente-huit ans et mère de deux enfants ayant treize et onze ans. Le couple, qui habite avec les enfants d'Anne, hésite à faire un cinquième enfant, et finalement y renonce. Anne n'est que la copine de leur père pour les enfants de Jean qui, pendant trois ans, viennent seulement le week-end et en vacances, jusqu'à ce qu'une opportunité professionnelle pousse leur mère à partir un an aux États-Unis. Elle laisse alors les enfants, qui ont dix-huit et seize ans, à Jean et Anne.

Dans la plupart des cas, le foyer recomposé ne comprend au quotidien que les enfants de la mère, ceux du beau-père ne venant que le week-end ou pour les vacances. Ce n'est que dans 8 % des cas que les enfants des deux membres du couple recomposé cohabitent au quotidien et font donc partie de ce type de famille.

Quatrième type : les fratries à enfants de trois filiations différentes

Il arrive – pour une petite minorité des familles recomposées – que chaque nouveau conjoint ait déjà au moins un enfant d'une union précédente et qu'ils décident d'avoir aussi au moins un enfant ensemble. Ces familles recomposées réunissent des enfants pouvant avoir de fortes différences d'âge : des enfants du père, des enfants de la mère et des enfants issus du nouveau couple. Ce sont les nouvelles familles nombreuses, les recompositions les plus spectaculaires, celles qu'on se plaît à montrer à la télévision ! Ce sont les situations les plus rares si l'on ne compte que les foyers où résident à la fois au moins un enfant du père, un enfant de la mère, et un enfant du nouveau couple (4 % des recompositions), mais ce ne sont pas toujours les plus simples...

> Jacques, trente-huit ans, est père de deux enfants de neuf et sept ans (qui habitent avec leur mère et viennent tous les week-ends), et Martine, trente-six ans, est mère d'un enfant de trois ans, Alex, en résidence alternée. Ils décident d'avoir un enfant ensemble. Cela rapproche les enfants de Jacques de leur belle-mère, Martine, car ils adorent leur petit frère. En revanche, le fils de Martine, Alex, est jaloux du bébé qui lui a pris sa place de petit dernier. En

outre, ce bébé réside en permanence avec ses deux parents, contrairement à lui, qui passe une semaine sur deux chez son père et sa belle-mère. Alex se croit menacé par la relation privilégiée qui lie sa mère au bébé.

Il arrive que, lorsqu'un couple parental hétérosexuel s'est défait, l'un des parents décide de vivre avec un partenaire du même sexe que lui. Même s'il s'agit d'un choc pour les enfants, en général très conformistes, surtout à l'adolescence, il s'agit là d'une famille recomposée presque comme les autres. Par ailleurs, l'enfant a le droit de garder un contact fréquent avec ses deux parents, quel que soit le sexe de la personne avec laquelle ils vivent. L'autre parent ne peut pas s'opposer à ce que le parent qui vit son homosexualité assume pleinement son rôle éducatif. Celui-ci n'est en rien modifié par son type de sexualité.

En l'occurrence, le problème spécifique auquel les enfants vont devoir faire face est l'homophobie, qui n'a pas disparu dans tous les milieux malgré de nets progrès effectués dans ce domaine en France en quelques dizaines d'années. Ainsi, les enfants devront assumer auprès du voisinage et de leurs camarades le fait d'avoir un parent homosexuel. Il faudra qu'ils apprennent à ne pas en avoir honte, à ne pas se cacher, à expliquer à leurs amis que les homophobes les plus virulents sont souvent ceux qui ont peur de leurs propres pulsions homosexuelles et cherchent à s'en défendre en agressant les homosexuels et en dénigrant l'homosexualité.

Pour cela, la réaction de l'autre parent (et des enseignants) sera décisive. C'est en effet à lui de dédramatiser, d'éviter de faire porter quelque honte et quelque culpabilité que ce soient à son ancien conjoint pour son choix de vie, et d'expliquer à son enfant que la situation n'est guère différente pour lui, que son beau-parent soit un homme ou une femme. Malheureusement, le conflit banal entre ex-conjoints est parfois envenimé par l'homophobie de celui qui ne supporte pas l'homosexualité de l'autre. L'enfant est alors particulièrement vulnérable : non seulement il doit faire face aux sarcasmes de ses camarades d'école, mais également aux réflexions de l'un de ses parents qui cherche à lui transmettre ses préjugés en dénigrant l'homosexualité de l'autre parent, en récusant ses compétences parentales, voire en l'injuriant et en injuriant son conjoint.

Il faut faire particulièrement attention à la réaction des grands-parents qui, sans le vouloir, peuvent eux aussi faire beaucoup de mal à leur petit-enfant en lui transmettant leurs préjugés à l'égard de l'homosexualité.

On ne sait rien de certain sur l'origine et les causes de l'orientation sexuelle d'un individu, et le fait d'être élevé par un couple homosexuel ne préjuge en rien de la future orientation sexuelle d'un enfant. La seule chose probable, c'est que quelqu'un acceptera plus facilement son éventuelle homosexualité s'il a été élevé dans un milieu où celle-ci n'est pas stigmatisée.

L'enfant a toujours un père et une mère, comme tous les autres enfants, et il est dans son intérêt de nouer une relation positive avec son beau-parent. Il ne s'agit pas ici d'homoparentalité, le beau-parent ayant le même statut – ou plutôt la même absence de statut – que tout autre beau-parent dans un couple hétérosexuel. Néanmoins, le compagnon du père (ou la compagne de la mère) peut, comme n'importe quel beau-parent, jouer un rôle générationnel important. C'est un adulte qui peut faire bénéficier l'enfant de sa bienveillance, participer à son éducation, et qui pourra lui apprendre à se défier des préjugés. Pour faciliter la lecture, nous parlons dans cet ouvrage des couples mère/beau-père et père/belle-mère, parce que c'est de loin le cas le plus fréquent, mais quand les couples recomposés sont de même sexe, les problématiques ne sont guère différentes. (Pour en savoir plus, se reporter au chapitre « Les recompositions homosexuelles féminines », in D. Le Gall, *La Pluriparentalité,* PUF, 2001.)

En fonction du type de famille recomposée auquel vous appartenez, les problèmes rencontrés peuvent être très différents, ainsi que les conseils qui peuvent vous être utiles. Mais d'autres éléments doivent également être pris en considération pour bien comprendre et analyser la situation dans laquelle vous vous trouvez.

COMMENT ÉVALUER VOS ATOUTS ET VOS RISQUES ?

Des circonstances qui ne dépendent pas de vous

On ne choisit pas les circonstances d'une rencontre amoureuse ni l'âge des enfants de la personne aimée ; on ne choisit ni le passé de l'ancien couple ni la situation financière de son nouveau couple. Mais il ne faut pas se cacher que certaines situations présentent des risques (nous dirons des défis…), tandis que d'autres semblent d'emblée plus faciles et plus prometteuses en ce qui concerne la stabilité et la durabilité de la recomposition. Soit vous avez en main de nombreux atouts, soit vous cumulez les mauvaises cartes, et il vaut mieux le savoir tout de suite. Dans ce cas, les conseils de la seconde partie de ce livre vous seront particulièrement utiles.

Dans ce chapitre, nous vous proposons d'évaluer vos chances par le biais d'un jeu. Celui-ci n'a aucune prétention scientifique, mais il correspond aux résultats des enquêtes.

Quels sont vos atouts ?

Vos atouts sont les éléments qui contribuent à des relations positives entre les membres d'une recomposition familiale.

Familles recomposées : un défi à gagner

Règle du jeu : votre famille recomposée est-elle un défi ?

Calculez vos chances ! Vous devez répondre en toute honnêteté et faire ce test quand vous êtes seul pour vous sentir libre de donner une réponse sincère, même si elle fait de la peine à votre conjoint.

Comment procéder ?
Donnez-vous 10 points.
Comptez 2 points en plus par atout gagné en répondant sincèrement aux questions énoncées dans ce chapitre. Vous pouvez ainsi obtenir 5 atouts et, le dernier comptant double (grâce au joker), totaliser 12 points. Avec les 10 points de départ, cela fait 22 points.
Comptez 2 points en moins par difficulté. Il y en a neuf, plus une pénalité de 2 points. Vous risquez ainsi de perdre 20 points. Vous avez le droit de compter 1 point au lieu de 2 en plus ou en moins quand vous n'êtes pas sûr de la réponse.

Comment analyser votre résultat ?
Calculez votre score : 10 points +... −... =...
• Si votre score est supérieur à 10, vous pouvez lire les conseils donnés dans la seconde partie de ce livre. Toutefois, vous ne devriez pas avoir beaucoup de problèmes.
• Si votre score est compris entre 0 et 10, attention, suivez bien tous nos conseils, parlez régulièrement entre conjoints des petites tensions qui peuvent se produire, et tout ira bien.
• Si votre score est inférieur à 0, ce livre vous est particulièrement destiné. Vous devez mesurer que vous vous êtes lancé dans une aventure difficile, mais vous savez qu'elle en vaut la peine. Réfléchissez bien si vous n'avez pas encore d'enfant et si vous avez l'intention d'en faire ensemble. Il existe des solutions pour minimiser les tensions. Si vous parvenez à suivre les conseils de ce livre et à bien communiquer en couple, tout devrait aller pour le mieux. Si cela vous est difficile, n'hésitez pas à faire appel à une personne extérieure : un thérapeute familial peut vous aider à mieux comprendre les difficultés de l'autre.

1. Le bel-enfant est petit ou a plus de dix-huit ans

Plus l'enfant du conjoint est petit au moment de la recomposition, plus il sera facile d'avoir avec lui une relation d'affection. Avec un enfant petit se crée plus aisément un lien assimilable au lien parent-enfant. En outre, le beau-parent peut, si son bel-enfant est jeune, avoir davantage envie de le traiter comme s'il était le sien, surtout si lui-même n'a pas encore d'enfant.

> « Quand je l'ai rencontrée pour la première fois, ma belle-fille avait trois ans. Elle m'a paru mignonne, ouverte, très dégourdie, elle était gentille avec moi. Elle cherchait à se faire aimer, elle venait sur mes genoux. »
>
> Thierry, trente-deux ans

Plusieurs beaux-pères nous expliquent qu'ils ont fait sans peine la conquête de leur bel-enfant de moins de sept ans : une sortie à un parc d'attractions, un week-end à la mer, des tours de magie, une gaufre, un petit cadeau bien choisi ou le partage de quelques jeux, et le tour est joué.

En général, nous avons ici affaire à une famille de type n° 1, qui deviendra probablement une famille de type n° 2 quand le nouveau couple décidera d'avoir un enfant.

Si l'enfant du conjoint a plus de dix-huit ans, cela peut aussi être un atout. À cet âge, le bel-enfant est pratiquement sorti de l'adolescence, d'autant que les événements familiaux qu'il a vécus l'ont peut-être mûri précocement. Il a des intérêts extérieurs à la famille, parfois déjà un(e) petit(e) copain (copine). Il comprend l'intérêt de son parent à revivre en couple et sait que lui-même n'est pas destiné à rester au foyer parental. Ainsi, son parent ne sera pas seul quand il partira. Dès lors, il est reconnaissant au beau-parent qui rend son parent heureux. Par ailleurs, en cas de tension, il ne sera pas difficile de trouver une solution qui donne de l'indépendance au jeune et de l'intimité au nouveau couple, du moins si on en a les moyens matériels.

> « Quand notre mère a rencontré Bernard, célibataire et sans enfant à quarante ans, mon frère et moi on s'est mis à souhaiter le bonheur de notre mère. Il représentait un grand changement, mais il nous a été sympathique d'emblée. Ma mère n'avait plus sa mine décomposée. Ce n'était plus une vie pour elle. J'ai envie que mes parents profitent de la vie, qu'ils réalisent leur projet, qu'ils voyagent. Après Bernard, on s'est un peu effacés ; on se dit que c'est bien pour elle. Nous, on s'investit avec nos copains, moi avec mon amie. »
>
> Rémi, dix-sept ans

Rémi avait été élevé avec son frère à la campagne, et leur mère, seule, s'était battue contre les difficultés matérielles, le père « n'envoyant que des aumônes de temps en temps ».

Nous sommes là dans le type de famille n° 1. Néanmoins, beaucoup de beaux-pères de cet âge ont déjà des enfants (type de famille n° 3), mais qui ne vivent pas avec eux.

Atout n° 1 : comptez 2 points si le bel-enfant a moins de six ans ou plus de dix-huit ans.

2. *L'attitude du parent extérieur*

Quand le parent extérieur est absent, peu engagé envers l'enfant ou peu disponible, il y a une place à prendre pour le beau-parent. L'enfant est en demande affective – on trouve souvent cette situation dans les types de famille n° 1 et 2. Le beau-parent pourra en quelque sorte se substituer au parent absent. Nous ne sommes pas loin d'une sorte d'adoption, même s'il n'y a pas adoption légale.

> Lorsque Marie a appris que son conjoint la quittait pour une autre, elle a décidé de réaliser son rêve de jeune fille et de partir exercer son métier d'infirmière en Inde. Elle lui a donc laissé la garde de leurs deux filles, âgées de cinq et sept ans. Ainsi, la nouvelle compagne du père a dû élever deux petites filles, qui lui sont apparues comme deux oiseaux tombés du nid. Si cela a été très dur à vivre pour les fillettes, cela a eu l'avantage de créer un lien fort entre elles et leur belle-mère, qui a remplacé leur mère. Et ce lien a résisté non seulement au retour de la mère, mais aussi à la rupture intervenue plus tard entre cette belle-mère et le père.

Céline a perdu sa mère à l'âge de six ans. Elle a été élevée par sa grand-mère jusqu'à ce qu'elle ait neuf ans et que son père se remarie avec Babette :

> « Babette s'est occupée de moi comme une mère. Elle m'a considérée comme sa fille. C'est une maman pour moi, j'ai eu trois mamans. Quand j'avais neuf ans, je ne disais pas encore ça, mais une fois je me suis électrocutée, et j'ai couru dans ses bras en criant maman. »
>
> Céline, belle-fille de Babette

C'est une véritable adoption qu'a réalisée cette jeune belle-mère. Elle n'avait pas d'enfants à elle, et elle a trouvé au foyer de son mari une petite fille en grande demande affective.

Certains parents sont bien vivants, mais sont incapables d'assumer leur place de parent.

Gérard, veuf avec une petite fille, s'est remarié avec Sophie, qui a deux enfants. Leur père, Stéphane, n'a pas demandé leur garde ; la séparation s'est faite d'un commun accord, et Stéphane devait prendre ses enfants un week-end sur deux et un mois de vacances. Il ne les a jamais pris plus d'une fois par mois, et la plupart du temps il allait les chercher le samedi midi, les amenait chez ses propres parents, où il les laissait après le déjeuner du samedi, et il les reprenait quand il venait déjeuner chez ses parents le dimanche midi. Il faisait une petite promenade avec eux et les ramenait chez leur mère et leur beau-père à 17 h. Gérard : « Stéphane est assez inexistant avec ses enfants. Il ne leur propose rien, pas de loisirs intéressants, si ce n'est d'aller chez les grands-parents. J'ai été intronisé par le père, très clairement. Il m'a délégué ses pouvoirs. Il est venu ici deux ou trois fois. Il a dit à ses enfants : "C'est votre nouvelle famille. Gérard, c'est lui qui s'occupera de vous." Pour moi, il n'y a pas de différence entre le rôle que je joue avec ma fille et celui que je joue avec les enfants de Sophie. Je joue le rôle du père, d'autant plus que leur propre père est très absent. Finalement ça m'arrangeait que le père disparaisse ; je n'avais pas à partager. »

Le bel-enfant éprouvera sans doute un véritable amour filial à l'égard de son beau-parent, parlant de lui comme de son « vrai père » ou de sa « vraie mère ». Dans certains cas, le beau-parent sera d'autant mieux accueilli par les enfants qu'eux et leur parent ayant reformé un couple ont souffert du caractère du parent qui est parti.

Le père de Fabienne s'est rendu insupportable à son entourage par sa tyrannie. « Mon père s'est toujours peu occupé de moi. Je n'ai pas eu de père. Quand on vivait ensemble, il ne me parlait que pour me disputer. Il y avait des disputes sans arrêt pendant les repas. Un climat très tendu. Mon père était autoritaire à contretemps », nous confie Fabienne. Ce sont les enfants qui ont demandé à leur mère de divorcer. Le divorce de leurs parents a été un soulagement pour eux. Quand leur mère a rencontré quelqu'un, ils ont été heureux pour elle et bien disposés à l'égard de son compagnon : « Ils sont si heureux, ça se voit. »

Quand les deux parents restent engagés auprès de l'enfant et gardent une certaine estime l'un pour l'autre, la porte est ouverte pour une coparentalité, c'est-à-dire la possibilité que les deux parents continuent à coopérer pour leurs enfants. Dans ce cas de figure, les difficultés relationnelles pouvant se produire entre l'enfant et le couple recomposé ne risquent pas d'être envenimées par un parent extérieur qui prendrait systématiquement fait et cause pour son enfant en le soutenant contre son beau-parent ou son ex-conjoint.

Autre situation favorable : quand le parent extérieur est bienveillant à l'égard du beau-parent. Dans ce cas, l'enfant n'a pas de conflit de loyauté et peut s'autoriser à éprouver de l'affection pour son beau-parent. Cela peut se produire quand le beau-parent est tout à fait étranger au conflit conjugal, le parent extérieur pouvant alors entretenir avec lui une relation sereine, parfois plus sereine qu'avec son ex-conjoint.

> « Sa mère encourage Loren à avoir de bonnes relations avec moi. Quand elle téléphone et que le père de Loren n'est pas là, je discute avec elle ; je ne lui dis pas de rappeler le lendemain. Quand on ramène Loren chez elle, on monte souvent parce que sa mère nous invite à boire un verre. »
>
> Marie, belle-mère de Loren

Mieux encore, un parent qui cautionne le beau-parent !

> La mère de Patrick, enfant qu'elle a eu d'une précédente union, s'est remariée avec le père veuf d'un enfant autiste. Courageusement, elle a pris sa part de cette charge, mais elle s'est inquiétée des répercussions sur Patrick. Elle a donc demandé à son ex-mari, remarié avec Pascale, s'il était possible que Patrick réside avec eux pendant un an ou deux. Pascale, la belle-mère, a ainsi été cautionnée par les deux parents de Patrick. Cela s'est bien passé pour tout le monde.

Atout n° 2 : comptez 2 points si le parent extérieur s'est effacé, est neutre ou bienveillant.

3. Le beau-parent n'a pas encore d'enfant

Quand le beau-parent n'a pas encore d'enfant lors de la recomposition, il lui est plus facile de nouer un lien d'affection avec les enfants de son conjoint : il est impossible de faire la différence entre la manière dont il se comporte avec eux et dont il se comporterait avec ses propres enfants. En outre, il a statistiquement plus de chances de devenir parent d'un demi-frère ou d'une demi-sœur, ce qui pourra avoir comme effet de souder la famille. C'est le cas des familles de type n° 1.

Atout n° 3 : comptez 2 points si le beau-parent n'a pas encore d'enfant lors de la recomposition.

4. Le beau-parent devient le parent d'un demi-frère ou d'une demi-sœur

Le demi-frère (la demi-sœur) soude la famille : le parent du demi-frère (de la demi-sœur) est intégré dans « les parents ».

Loren adore son petit frère, c'est son amoureux. Ils ont énormément joué ensemble pendant les quinze jours de vacances cet été. Elle apportait tous ses jouets pour son frère. Elle a participé au choix du prénom.

C'est dans les familles à demi-frère (demi-sœur) que se rencontrent les relations les plus positives et que, selon les statistiques, les enfants ont le plus l'impression de faire partie d'une même famille avec leur beau-parent. C'est le cas des familles de type n° 2.

Atout n° 4 : comptez 2 points si le nouveau couple recomposant a un enfant ensemble ou s'il a l'intention d'en avoir.

5. Des conditions matérielles favorables

N'oublions pas l'importance des conditions économiques. Si le beau-père a un bon métier et améliore le niveau de vie de la famille, les enfants de la mère vont lui en être reconnaissants. Si la famille recomposée est bien logée, s'il y a de l'espace pour chacun – une salle de bains pour les parents, une autre pour les enfants, par exemple –, une chambre pour chaque enfant (ce qui est exceptionnel dans les familles nombreuses à géométrie variable que sont beaucoup de familles recomposées), si le ménage et une partie de la garde des enfants sont assurés par une salariée, il y aura moins d'occasions de conflit.

Cette circonstance est particulièrement injuste, mais elle joue beaucoup, d'une part à cause des conditions de logement, d'autre part parce que le fait d'avoir de bons revenus contribue au bien-être du foyer. Cette contribution donne de la légitimité au beau-parent aux yeux des enfants. Si vous êtes une belle-mère qui ne travaille pas, les enfants de votre nouveau conjoint seront tentés de vous reprocher de vous faire entretenir par leur père. Un beau-père au chômage depuis longtemps risque de se voir reprocher sa situation par ses beaux-enfants, et il n'obtiendra pas facilement leur considération. Si vous êtes une belle-mère qui travaille, vous vous investissez peut-être moins dans l'intérieur de votre logis qu'une femme au foyer, et vous serez moins agacée si vos beaux-enfants dérangent ou salissent. Peut-être même aurez-vous la possibilité de prendre une employée de maison pour s'occuper en partie du ménage ?

Si vous avez des revenus limités, vous et vos enfants risquez de devoir emménager dans la maison où votre conjoint vivait avec ses propres enfants. Vous apparaîtrez alors à ces derniers comme des intrus.

Parfois, quand des tensions trop fréquentes apparaissent entre le beau-parent et un bel-enfant adolescent, la seule solution est de permettre à celui-ci d'avoir son autonomie.

> « Si seulement on pouvait lui payer une chambre ailleurs ! » regrette madame Durais. Son beau-fils de vingt-deux ans est lourd pour leur budget. Le couple recomposé a sacrifié sa chambre pour la lui donner : « Nous, on n'a pas d'intimité, on dort sur un canapé dans le salon. » Et elle déplore que son beau-fils ne lui en ait aucune reconnaissance. Cette cohabitation forcée mine la vie du couple.

Si vous êtes obligés de mettre les enfants dans une seule chambre, vous multipliez les occasions de conflit. Si votre appartement est exigu, ne possède qu'une salle de bains, etc., les tensions risquent de s'exacerber. Il vous faudra d'autant plus d'humour et de détachement !

Atout n° 5 : comptez 2 points si vous habitez un logement spacieux, et 2 points supplémentaires de joker si, dans votre couple recomposé, vous travaillez tous les deux et avez un salaire confortable.

Quels sont vos risques ?

Vos risques sont ce qui rend les relations plus difficiles dans la famille recomposée.

1. Recomposer quand les beaux-enfants entrent dans l'adolescence

On l'a vu, si vos beaux-enfants ont moins de six ans au moment où vous recomposez un couple, cela compte pour un atout. On peut estimer que quand ils ont entre six et douze ans, leur âge joue un rôle neutre. Après douze ans en revanche, les choses se compliquent. L'adolescence est toujours une période difficile à vivre, mais dans le cas des familles recomposées, il semble que les enfants, s'ils hésitent à critiquer ouvertement leurs parents, n'ont pas de tels scrupules à l'égard de leurs beaux-parents. Ces derniers ont alors à supporter leur agressivité, leur insolence et leur sans-gêne. Les beaux-enfants, quand ils sont adolescents, sont pour leur part plus fragiles et plus sensibles aux critiques et aux remarques du beau-parent, d'autant qu'ils ne reconnaissent pas sa légitimité. De petites remarques, qui semblent anodines ou bien méritées aux yeux du beau-parent exaspéré qui les profère, peuvent faire des dégâts considérables : les adolescents ne sont pas sûrs d'eux ; ils peuvent être blessés et garder un fort ressentiment pour une petite phrase que l'adulte aura oubliée aussitôt.

Il est donc particulièrement difficile de conquérir l'affection d'un adolescent.

> « Je les ai connus grands, à un âge où on ne fait plus de câlins. Dans ma relation à eux, il manque le côté affectif d'une mère. »
>
> Catherine, belle-mère de Jeanne et Thierry

On a même quelquefois l'impression que la relation construite patiemment au fil des années se dégrade alors.

> « En ce moment, on est dans une passe difficile parce qu'il entre dans l'adolescence, qu'il est vraiment en opposition sur tout et qu'il fait toutes les bêtises. »
>
> Claude, beau-père de Grégoire

> « Mon fils a eu une sale crise d'adolescence. Bien sûr, il était jaloux de son beau-père. Et il était très agressif avec moi. On ne pouvait plus se supporter. Il n'était copain qu'avec des gamins à problèmes. Son accoutrement, son langage, on n'avait plus d'autorité sur lui. C'étaient des cris tous les soirs. C'était l'enfer. Il me reprochait de n'acheter du pain frais que quand son beau-père dînait, de m'acheter un chemisier pour lui plaire. On a décidé de le mettre dans une pension. »
>
> Valérie, mère d'Arnaud

Risque n° 1 : comptez 2 points en moins si un bel-enfant a entre douze et quinze ans au moment de la recomposition.

2. Le parent extérieur hait le beau-parent et cherche à le démolir aux yeux de l'enfant

Si la mère de votre bel-enfant reste votre ennemie, vos efforts risquent d'être vains. Rares sont les enfants qui prennent assez de recul par rapport à leur mère pour éprouver de l'affection à l'égard de celle que leur mère désigne comme son ennemie, comme celle qui leur a volé leur père. Si la belle-mère n'est en rien cautionnée par la mère, elle ne pourra pas jouer de rôle éducatif, et elle pourra au mieux espérer être tolérée par ses beaux-enfants.

> Madame Lange, la mère de Nathalie, a été démolie par la trahison de son mari qui l'a quittée pour sa meilleure amie. Madame Lange n'a jamais pu pardonner à cette ancienne amie, et Nathalie est sensible à la souffrance de sa maman. « Ma mère ne voulait pas cette séparation. On a été témoins d'énormément de crises de larmes. Elle n'a pas survécu au divorce. Elle ne s'est jamais remise. Elle ne vit pas, elle ne vit que pour nous. Sept-huit ans après le divorce, elle me disait qu'elle aimait toujours mon père. Pendant dix ans, ma belle-mère, qui avait été la meilleure amie de ma mère, m'est apparue comme le diable incarné. Elle était la femme qui avait volé mon père. Ma mère le disait. » Cette dernière a peur que cette femme, qu'elle appelle « le putois » et qui a pris sa place dans la maison de son mari, prenne aussi sa place dans le cœur de ses enfants. Nathalie ne se permettra donc jamais d'entretenir avec sa belle-mère des relations positives.

> Naomie a fini par accepter de connaître la femme pour laquelle son père est parti et avec laquelle il vit. Elle vient maintenant dormir chez eux. Sa sœur Fanny, en revanche, a refusé de la voir pendant deux ans et n'a jamais accepté de dormir chez sa belle-mère. Elle est toujours restée froide avec elle. Ce n'est que quand sa belle-mère n'est pas là que Fanny se jette dans les bras de son père et redevient naturelle. Les enfants reprochent à leur belle-mère de leur avoir volé leur papa.

Il arrive même que le parent extérieur, qui avait de lui-même quitté son conjoint, supporte mal que ce dernier recompose un couple. Il peut manifester une jalousie surprenante à l'égard de la personne qui l'a remplacé auprès de son ex-conjoint.

> Brigitte a quitté Jacques, qui en a été très triste et est resté seul un an. Cependant, quand il a rencontré Béatrice et qu'elle a été enceinte de lui, Brigitte l'a très mal supporté. Elle a dit beaucoup de mal de Béatrice à ses enfants, ce qui n'a pas facilité les relations entre Béatrice et ses beaux-enfants.

Le jugement que le parent extérieur porte sur le beau-parent aura d'autant plus d'impact sur l'enfant qu'il est jeune et que le lien qu'il entretient avec ce parent est fort. L'enfant est pris dans un conflit de loyauté : il ne peut avoir une bonne relation avec quelqu'un qui est en concurrence avec son parent bien-aimé.

> Quand Aurélien, dix ans, trouve chez son père Catherine, sa nouvelle compagne, il l'ignore, ne lui adresse pas la parole, ne lui dit pas bonjour, fait semblant de ne pas la voir. Il s'adresse à son père pour lui demander qu'elle lui passe le pain, et refuse toute aide de sa part. Quand elle lui fait une remarque, il lui répond : « Tu n'as rien à me dire, tu n'es pas ma mère. » Catherine se contente de faire la cuisine et laisse son père s'occuper d'Aurélien, mais celui-ci s'enferme dans sa chambre quand il est seul avec elle. Quand son père est là, Aurélien accapare son attention. Ni Catherine ni le fils de Catherine n'existent plus.

Une belle-mère qui a pris à la maison la place d'une mère, un beau-père qui a pris la place d'un père adoré auront du mal à se faire accepter par l'enfant. Celui-ci aura l'impression de trahir son parent en normalisant ses relations avec le beau-parent qui l'a « remplacé ».

Risque n° 2 : comptez 2 points en moins si le parent extérieur est hostile au beau-parent ou s'il ne s'est jamais remis de la séparation.

3. Les deux parents sont toujours en conflit grave

La situation la plus difficile pour élever un enfant, c'est quand ses deux parents restent en conflit grave après le divorce et n'ont que du mépris l'un pour l'autre. S'ils n'ont aucune confiance ni aucune estime l'un envers l'autre, ils ne peuvent jamais faire front uni devant l'enfant. Ils ne peuvent ni se cautionner en tant que parents ni cautionner le rôle éducatif du beau-parent. L'enfant peut alors jouer de l'un de ses parents contre l'autre et contre son nouveau conjoint.

Le conflit de loyauté

S'il existe un conflit majeur avec le parent extérieur au foyer recomposé, par exemple si c'est pour vivre avec la belle-mère que le père a quitté la mère, la blessant profondément, l'enfant se sent obligé de rester « dans le camp de sa mère ». Il fait dès lors la connaissance de sa belle-mère avec des *a priori* très négatifs. Il est amené à penser que « la voleuse de mari » est aussi une « voleuse de père » !
Il faudra une patience considérable à la belle-mère pour que l'enfant change d'avis et d'attitude à son égard.

« Jonathan entend dire du mal de moi et de mon compagnon par son père et ses grands-parents », se plaint une mère. Elle regrette que son ex-conjoint n'impose aucune limite à son fils quand il est avec lui, ce qui le rend difficile à cadrer quand il rentre chez elle : « Avec son père, Jonathan n'avait jamais de contraintes. Pas d'horaires, aucun travail scolaire ; il mangeait ce qu'il voulait – des chips, des saucisses et des sucreries – et se couchait quand il voulait. Au retour, il était toujours pénible. » Aucune concertation n'est possible entre les deux parents car le père ne tient pas ses engagements : il avait lui-même décidé qu'en raison de ses résultats scolaires catastrophiques, Jonathan serait privé de télévision pendant les vacances de Pâques, mais seule la mère a appliqué la punition pendant la semaine où il était avec elle ; chez son père, Jonathan est resté toute la semaine devant la télévision.

Risque n° 3 : comptez 2 points en moins si les deux parents sont toujours en conflit grave et ne se cautionnent pas.

4. Le parent qui recompose une famille entretient avec son enfant une relation fusionnelle

Une mère qui a élevé seule son enfant pendant plusieurs années peut entretenir une relation trop fusionnelle avec lui. Dans ces conditions, un beau-père aura du mal à trouver sa place.

> À sept ans, Thomas buvait encore un biberon que sa mère lui apportait au lit. Quand Christian s'est installé avec la mère de Thomas, il a essayé de faire comprendre à celle-ci qu'on n'élevait pas les enfants en les « cocoonant ». Il a donc tenté d'intervenir pour qu'elle soit plus ferme avec Thomas. Mais cela n'a pas été sans résistance de la part de l'enfant ni sans conflits dans le couple, la mère disant : « Mais pourquoi t'acharnes-tu contre ce gamin ? »

Il peut aussi exister une relation presque passionnelle entre une fille et son père. La belle-mère est dès lors l'intruse, intruse dont on peut être jalouse sans remords dans la mesure où elle n'a pas la légitimité qu'avait la mère.

> Naomie adore son père : « Papa était très proche de moi. La communication était parfaite ; il était parfait avec ma sœur et moi. J'ai toujours adoré mon père. » Quand son père sortait avec sa compagne et elle, Naomie se débrouillait pour se mettre entre eux et faire des confidences et des câlins à son père, obligeant ce dernier à choisir entre « ses deux femmes ».

> « Ma relation avec ma belle-fille a été très difficile. Lors de nos premières vacances, à Oléron, elle était jalouse de son père, elle ne le quittait pas, elle ne voulait pas aller à la table des ados : il fallait qu'elle reste à côté de son père. Elle était bouleversée, elle avait mal à la gorge, au ventre. Aucune sortie ne lui plaisait. Rien ne marchait. »
>
> Brigitte, belle-mère d'Élodie

Enfin, les parents qui ne voient plus que par intermittence (par exemple un week-end sur deux) un enfant avec lequel ils avaient une relation d'une grande intimité et d'une grande proximité ne sont pas bien placés pour lui faire des remarques éducatives. Quand on ne voit sa fille que tous les mois et demi, on ne parle pas des sujets qui fâchent : on préfère qu'elle passe un bon séjour et ait envie de revenir.

> Une belle-mère regrette que son conjoint passe beaucoup trop de choses à sa fille quand il la retrouve pendant les vacances scolaires : « Je trouve qu'il laisse Sophie faire un peu trop de caprices, il a eu tellement peur que sa petite fille l'oublie. » Mais le père ne s'inquiète ni de la tenue à table ni du fait qu'on ne coupe pas la parole aux adultes, car son souci principal, c'est que sa fille ait envie de revenir ! Pour la belle-mère, les repas avec Sophie ne sont pas

très agréables : la petite fille monopolise l'attention de son père en parlant très fort la bouche pleine, alors que les autres ne peuvent pas placer un mot, et son père tient à lui faire choisir ce qu'elle préfère, les deux pilons du poulet et le cœur de la laitue !

Risque n° 4 : comptez 2 points en moins si le parent qui recompose une famille entretient avec son (ses) enfant(s) une relation fusionnelle dont le beau-parent se sent exclu.

5. Les deux conjoints ont déjà des enfants (de moins de vingt ans) au moment de la recomposition

Il n'est pas nécessaire de prendre ici en compte les enfants de plus de vingt ans, car on peut estimer soit qu'ils envisagent de quitter bientôt la maison parentale, soit qu'ils l'ont déjà quittée au moment de la recomposition. En revanche, quand les deux conjoints ont des enfants plus jeunes, ils sont tiraillés entre la nécessité d'être justes, c'est-à-dire de traiter de manière égale leurs enfants et ceux de leur conjoint, et l'impossibilité de le faire en pratique dans bien des cas.

> Quand Jean retrouve ses filles le week-end, il n'a pas envie de leur imposer les corvées (mettre le couvert, débarrasser la table, descendre la poubelle, etc.) que lui et Colette, sa nouvelle femme, imposent à Émilie, la fille de Colette, qui partage leur quotidien. Ni Colette ni sa fille ne comprennent le favoritisme dont les filles de Jean bénéficient. Ces dernières, en revanche, sont jalouses de ce que leur père s'occupe au quotidien d'une autre enfant qu'elles et parte régulièrement au ski avec sa compagne et sa belle-fille.

Pendant ses cinq ans de vie monoparentale, Marie a eu une relation très proche, voire fusionnelle, avec sa fille Tiphaine, âgée de douze ans. Lorsque Marie s'installe avec Pierre, il a lui-même une fille de quatorze ans, Charlotte, qui a choisi de vivre avec lui. Tiphaine et Charlotte s'entendent si bien qu'elles ne se quittent plus, s'installant dans la même chambre pour dormir et travailler, à tel point que c'est la maman de Tiphaine qui finit par se sentir exclue. Elle s'inquiète de la « mauvaise influence » que Charlotte, qui s'intéresse beaucoup aux garçons et ne travaille guère à l'école, peut avoir sur sa fille, jusque-là bonne élève. Ses efforts pour imposer à Charlotte les règles que Tiphaine respectait sans même s'en apercevoir n'ont suscité que des insolences de la part de sa belle-fille et semblent désormais arbitraires à Tiphaine : elle trouve sa mère tyrannique ; elle devient insolente et agressive. Marie est catastrophée et reproche à Pierre le comportement de Charlotte, qui l'exaspère de plus en plus. Pierre en veut à Marie et la trouve méchante envers Charlotte.

Dans cette configuration, chaque parent est en même temps beau-parent, ce qui complique les relations et multiplie les causes de tension.

Quand le beau-parent a déjà des enfants au moment de la recomposition, il va constater (de même que ses enfants) une différence de comportement – inévitable – du beau-parent entre ses propres enfants et les siens.

Quand il s'agit de partager un gâteau, il est clair que la mère, qui est en même temps belle-mère, fait des parts égales : que l'on soit enfant ou bel-enfant, on a droit à la même part de gâteau. Mais quand il s'agit du câlin du soir, peut-il être le même quand il concerne son enfant et son bel-enfant ? Le bel-enfant a sa propre mère pour le chouchouter. On admet donc que les câlins ne soient pas les mêmes.

Et l'histoire lue au lit ? Dans quelle mesure admettre que le lien tissé dès avant la naissance entre la mère et son enfant s'exprime de façon spécifique sans susciter la jalousie du bel-enfant ni les reproches du beau-père ? Si enfant et bel-enfant sont admis à écouter ensemble l'histoire racontée par la mère (et belle-mère), qu'en sera-t-il de ce moment d'intimité entre mère et enfant auquel tous deux étaient attachés ? Il faut désormais admettre un tiers, et il n'est pas étonnant qu'apparaisse une certaine jalousie.

De toute façon, les enfants ne sont jamais traités avec égalité, tout simplement parce qu'ils ne reçoivent pas la même affection ni la même disponibilité de la part de l'autre partie de leur famille.

> Julie est la mère d'Élodie et la belle-mère de Camille. Pendant le mois d'août, Élodie va chez son père et sa belle-mère. Elle s'ennuie, toute seule à la campagne avec un père qui rénove sa maison, tandis que Camille part avec son beau-père et sa mère visiter les États-Unis, avant d'aller retrouver ses cousins maternels dans la villa avec piscine que possèdent ses grands-parents sur la côte d'Azur. Que signifie dès lors la stricte égalité maintenue au foyer de Julie dans les activités proposées aux deux filles ?

Risque n° 5 : comptez 2 points en moins si, dans votre nouveau couple, vous avez chacun des enfants (de moins de vingt ans) issus d'une union antérieure.

6. Les enfants du parent et ceux du beau-parent ne s'entendent pas

Il est rare que la recomposition soit si soudaine que les parents fassent cohabiter sans préavis ni transition leurs enfants qui ne se connaissent pas. Il est indispensable d'observer comment se passent les premiers contacts à l'occasion de journées puis de week-ends et de vacances passés en commun. Tout va dépendre de la sympathie ou de l'antipathie que les enfants éprouvent les uns pour les autres.

Les jeunes enfants sont contents d'avoir des amis avec qui jouer, mais la rivalité et la jalousie sont fréquentes. Quelques jours de partage de la vie quotidienne sont nécessaires pour s'en apercevoir.

Les quasi-frères peuvent ne pas s'entendre. Prendre des lits superposés et prévoir une seule chambre pour des enfants qui n'ont pas été élevés ensemble jusque-là est un véritable pari. Il faut s'attendre à des disputes.

Le fait qu'un enfant n'occupe une chambre que par intermittence – par exemple lors de week-ends plus ou moins prolongés, ce qui est souvent le cas de l'enfant du père –, loin de simplifier la situation, peut au contraire l'aggraver. En effet, l'occupant habituel risque de se sentir envahi, tandis que celui qui débarque aura l'impression d'être un intrus.

> « Au début, j'avais pris des lits superposés pour les enfants, et ils avaient une chambre commune. C'étaient des disputes continuelles. Alexandre avait envie de jouer avec Simon, mais il était très vite indigné de la brutalité de Simon qui s'emparait de tout et cassait beaucoup. Alexandre a enfermé à clé ses affaires et les a progressivement rapportées chez sa mère. Pour calmer les disputes,

Familles recomposées : un défi à gagner

Alexandre a été installé dans le bureau dont il a interdit l'accès à Simon. Les lits superposés n'auront servi que quelques semaines ! Alexandre ne supporte pas les agaceries de Simon qui essaie de le provoquer, et comme il est plus fort il tape Simon. Catherine s'interpose et prend la défense de son fils. Quand Alexandre n'est pas là, tout va bien entre Catherine, Simon et moi. Mais quand il est là, Simon ne supporte pas que je m'occupe d'Alexandre qui s'installe sur mes genoux et accapare mon attention. »

Philippe, père d'Alexandre, neuf ans au moment de l'installation avec Catherine, mère de Simon, cinq ans

Cécile (dix ans) et Mathilde (quinze ans) ont des relations en dents de scie avec Pascal, treize ans, le fils de leur belle-mère, qui a vécu cinq ans seul avec sa mère en enfant unique. Elles se plaignent en disant qu'il est trop gâté, « emmerdant ». Quand il tyrannise Cécile, celle-ci n'arrive pas à dire non.

Risque n° 6 : comptez 2 points en moins si les quasi-frères (quasi-sœurs) se jalousent et ne s'entendent pas.

7. *Le bel-enfant est considéré par son beau-parent comme sans-gêne, mal élevé et insolent*

Tout jugement porté par quelqu'un est par définition subjectif, et les critères pour définir la bonne éducation varient beaucoup d'un milieu social à l'autre, d'un individu à l'autre. Cependant, il suffit en général de peu de temps à un adulte pour savoir si, à ses yeux, un enfant est bien ou mal élevé. Pour prévoir les difficultés de la recomposition, il faut tenir compte de l'opinion du beau-parent à ce sujet. Le problème est qu'il ne dira jamais ouvertement à son compagnon qu'il trouve ses enfants mal élevés.

En cela, il aura raison, car aucune critique n'est plus difficile à entendre.

Quand nous jugeons nos propres enfants mal élevés (et nous avons souvent à leur égard des *a priori* positifs et une patience presque infinie), nous ne pouvons nous en prendre qu'à nous-mêmes. Mais quand il s'agit de nos beaux-enfants, d'une part nous manquons d'indulgence, d'autre part nous voyons parfaitement leurs défauts. Puis nous reconnaissons, avec déplaisir, l'empreinte du parent extérieur, que nous n'avons aucun scrupule à critiquer, surtout s'il a élevé son enfant de façon très indulgente, en acceptant des comportements que nous trouvons intolérables. La situation est encore pire si le bel-enfant peut en appeler à sa mère (qui n'habite pas loin) contre sa belle-mère.

> « Quand j'étais seule avec Arthur, sans son père, et que je le contrariais, il faisait des crises : il se roulait par terre en hurlant et téléphonait à sa mère pour se plaindre de moi. Celle-ci venait alors chercher son fils pour le soustraire à ma garde ! »
>
> Hélène, exaspérée par son beau-fils, Arthur

Même très jeunes, certains enfants peuvent inspirer de l'antipathie à leurs beaux-parents. Plusieurs ont osé s'exprimer en toute sincérité sous le sceau de l'anonymat de l'enquête que j'ai menée. Autrement, la chose n'est pas évidente, car les adultes sont censés aimer les enfants. On avoue donc difficilement une antipathie à l'égard d'un enfant, et encore moins au père ou à la mère de cet enfant.

> « Je n'adore pas Zoé. Je la trouve mignonne, mais pas très ouverte, pas très naïve, pas très attachante. »
>
> Christine, belle-mère de Zoé, quatre ans

Christine trouve déjà Zoé hypocrite, car l'enfant est plus aimable avec elle lorsque son père est présent que lorsqu'il est absent. Certains parents élèvent leurs enfants avec des valeurs très différentes de celles que le beau-parent essaie de transmettre aux siens.

Pour Laure, les parents doivent restreindre l'usage de la télévision aux enfants à l'éveil de leur intérêt pour l'actualité ; ils doivent valoriser la lecture, ainsi que les loisirs sportifs ou artistiques :

> « J'ai eu ma belle-fille en vacances chez moi pendant un mois quand elle avait seize ans. Elle n'avait pas ses copains, elle n'avait pas de moyens financiers. Son père, comme on venait d'emménager, avait plein de bricolages urgents à faire. Elle s'ennuyait, et comme elle est assez lymphatique, elle restait allongée tout le temps devant la télé ; ça m'énervait. Je la trouve très superficielle, je suis agacée par ses valeurs, les valeurs de sa mère. Elle rêve de stars, de mannequins, elle zappe pendant les informations. »

Laure, belle-mère de Faustine

Il arrive que le parent extérieur passe tout à son enfant, le rendant capricieux, égoïste, paresseux… d'après son beau-parent, particulièrement sensible à ces défauts.

> « Avec sa mère, elle n'est pas à une place d'enfant. Même quand elle était petite, sa mère lui racontait tout, l'emmenait en boîte. Ce n'était pas une place de petite fille. Elle était la copine de sa mère, et elle est élevée dans le superficiel. »

Claudine, belle-mère de Marion

Le sans-gêne des beaux-enfants est une épreuve pour l'adulte qui, après une dure journée de travail, aspire à retrouver sa tranquillité et ses petites affaires. Cohabiter sur un même territoire quand on n'a pas les mêmes habitudes n'est guère évident, même entre adultes. On y arrive parce qu'on est amoureux, mais les enfants ne sont pas amoureux de leur beau-parent, et les beaux-parents n'ont aucune raison de déployer des trésors d'indulgence pour leur bel-enfant. Or aujourd'hui, l'éducation des enfants manque souvent de rigueur, et ils ont l'habitude que tout tourne autour d'eux. Il est loin le temps où les enfants devaient se taire à table et écouter les adultes. Désormais, les parents sont émerveillés par la conversation de leurs enfants dès dix-huit mois. Les beaux-parents, quant à eux, ne sont pas toujours aussi passionnés par les discours de leurs beaux-enfants ! Ainsi Adèle, aujourd'hui séparée de son second mari, qui se plaint de ses beaux-fils :

> « Ils n'ont jamais tenu compte des règles d'usage de la salle de bains. Ils ne rangeaient jamais rien. Pour leur goûter, ils ouvraient lait, sirop, paquets de gâteaux ; ils ne fermaient jamais rien. Ils faisaient un gâchis de vêtements, jetant leur linge sale sous les meubles. Il fallait toujours tout leur racheter. Ils cassaient et perdaient leur matériel scolaire. Ils n'avaient de respect pour aucun objet. »
>
> Adèle, belle-mère de Romain et Didier

Discours analogue chez Jean, qui s'entend bien avec sa belle-fille mais a du mal à supporter son beau-fils :

> « Avec lui, les conneries s'accumulent, s'enchaînent les unes aux autres. Il rentre dans les chambranles de porte, il casse, il perd, il fait des dégâts avec tout ce qu'il touche – c'est une négligence de tous les instants. »
>
> Jean, beau-père de Charlotte et Xavier

Quand on a affaire à un tout-petit, on est forcément attendri, mais dès que les enfants grandissent, certains se montrent plus attirants que d'autres. Chacun a déjà rencontré des enfants geignards, capricieux, collants, provocants, en un mot antipathiques, même s'il n'est pas politiquement correct de le reconnaître dans notre société où les enfants sont sacralisés. Si l'on n'y prend garde, la tension peut dégénérer et passer de l'exaspération à la violence. Étant donné que le beau-parent ne s'autorise pas à exprimer son mécontentement pour ménager son conjoint, il arrive souvent que les griefs s'accumulent jusqu'à l'explosion.

Risque n° 7 : comptez 2 points en moins si le beau-parent considère le bel-enfant comme mal élevé, et enlevez 2 points supplémentaires de pénalité s'il ne ressent pas d'emblée de sympathie pour lui.

8. *La relation amoureuse du couple recomposant est conflictuelle*

Si vous entretenez avec votre conjoint une relation passionnelle, elle ne sera pas facilement compatible avec l'exercice des responsabilités et l'amour parentaux. Une relation d'amour intense peut se révéler exclusive. Dans ces conditions, les enfants seront des gêneurs venant troubler l'intimité du couple.

Ce n'est pas nouveau. La Bruyère disait déjà : « Ce qu'une marâtre aime le moins de tout ce qui est au monde, ce sont les enfants de son mari : plus elle est folle de son mari, plus elle est marâtre. Les marâtres ne peuplent pas moins la terre de mendiants, de vagabonds ou de domestiques et d'esclaves que la pauvreté. »

Dans l'amour-passion, on veut l'autre pour soi seul. Or dans mon enquête, si les hommes n'y ont jamais fait allusion, plusieurs femmes ont déploré avoir trop peu de moments d'intimité avec leur nouvel amour quand ses enfants étaient présents : « Ne pas avoir un week-end pour nous à deux, c'est dur », dit l'une d'elles dont le compagnon reçoit ses enfants tous les week-ends. « Ne pas pouvoir prendre une semaine de vacances avec notre bébé sans Loren, j'avoue que ça me pèse », dit l'autre dont le mari prend toutes ses vacances avec sa fille d'une première union. Les enfants me signalent souvent que tel ancien compagnon de leur mère était très jaloux à leur égard, s'impatientant quand ils n'allaient pas dans leur chambre après dîner ou montrant son agacement quand ils débarquaient dans le living où il bavardait avec leur mère.

Inversement, si vous vous disputez beaucoup, si les enfants ont le sentiment que leur beau-parent n'est pas vraiment amoureux de leur parent ou qu'il a des défauts qui vont le faire souffrir (un beau-père qui boit, qui est coléreux ou violent, une belle-mère frivole, égoïste ou qui s'intéresse aux autres hommes), ils ne vont pas hésiter à attaquer leur beau-parent pour que le couple recomposant se sépare. Les enfants ont un sens aigu de l'intérêt de leur parent. Ils veulent bien faire l'effort d'intégrer le beau-parent quand il est manifestement utile parce qu'il rend leur parent heureux, mais si ce n'est pas ou plus le cas, ils n'auront aucun scrupule à accentuer les failles et à mettre en place une stratégie pour le « chasser ».

Risque n° 8 : comptez 2 points en moins si vous entretenez une relation amoureuse passionnelle ou problématique avec votre nouveau partenaire.

9. Êtes-vous belle-mère ou beau-père ?

Jusqu'à présent, nous n'avons pas fait de différence selon le sexe des acteurs de la famille recomposée. Or il est généralement plus facile d'être beau-père que belle-mère, bien que les premiers aient souvent plus de responsabilités que les secondes. En effet, ils partagent plus souvent la vie de leurs beaux-enfants au quotidien du fait qu'une majorité d'enfants vivent avec leur mère. Les belles-mères, quant à elles, ne voient souvent leurs beaux-enfants que le week-end ou pendant quelques semaines de vacances. Ainsi, les beaux-pères ont plus de possibilités et plus de temps pour trouver une place entre la parenté et l'amitié.

Dans une vision traditionnelle des rôles, qui est encore celle de la majorité des ménages français (même si les choses évoluent lentement), les hommes sont moins engagés que les femmes auprès des enfants. S'ils ne se montrent pas trop autoritaires avec leurs beaux-enfants, et si, quand ils rentrent le soir à la maison, ils ont un mot gentil pour eux et s'intéressent de temps en temps à leurs occupations, les beaux-pères sont en général bien acceptés. Nombre de pères, pris par leurs activités professionnelles, ne passent guère plus de temps que les beaux-pères avec leurs enfants.

En revanche, on attend des belles-mères qu'elles s'occupent plus des enfants, comme le font les mères. En outre, elles sont « maîtresses de maison » : elles tiennent le ménage, s'occupent du linge et des repas. Les beaux-enfants font souvent la comparaison entre leur belle-mère et leur mère, la plupart du temps au détriment de la première : leur mère fait mieux la cuisine ; elle est plus intelligente et surtout plus souvent aux petits soins pour eux.

C'est qu'en général les mères sont plus proches des enfants. Elles leur consacrent plus de temps au quotidien que les pères.

Il est donc plus difficile à une belle-mère d'égaler le dévouement d'une mère qu'à un beau-père d'égaler celui du père. Les belles-mères essaient de faire respecter un peu d'ordre dans leur maison : elles demandent aux enfants de ranger, de faire leur lit, de se laver, de s'habiller, de ne pas se servir à tort et à travers dans le réfrigérateur. Elles ont le rôle ingrat de l'« empêcheuse de tourner en rond ».

Le plus souvent, les beaux-pères (et les pères) laissent les mères se débrouiller avec ces contingences. Ils sont au-dessus de cela, ce qui réduit les conflits.

Risque n° 9 : comptez 2 points en moins si vous êtes une belle-mère.

10. Beau-fils ou belle-fille ?

Peu importe. On pense souvent qu'il est plus facile à une belle-mère d'avoir une bonne relation avec un garçon, donc un beau-fils, et à un beau-père avec une fille, mais ce n'est pas si simple. En effet, certains garçons sont trop loyaux envers leur mère pour se laisser le moins du monde séduire par une belle-mère ; de la même façon, certaines filles se sentiraient infidèles à leur père si elles montraient de l'affection pour leur beau-père.

Que l'enfant soit un garçon ou une fille ne permet donc pas de prédire grand-chose quant au type de relation qu'il sera possible de nouer avec lui. Son âge au moment de la recomposition, nous l'avons vu, est un critère beaucoup plus important. Les enfants jeunes s'adaptent mieux, en particulier s'ils ont toujours connu le beau-parent.

Nous ne compterons donc ni points en moins ni points en plus dans notre diagnostic d'atouts et de risques selon le sexe du bel-enfant.

En résumé

La situation la plus favorable est celle où tout va bien dans le couple et où :
- soit une quasi-adoption est possible ;
- soit une coparentalité est possible.

La quasi-adoption
Elle peut se présenter si :
- le bel-enfant est petit ;
- le parent extérieur est plus ou moins absent. Bien sûr, le décès d'un de ses parents ou l'abandon de l'enfant par un de ses parents reste une tragédie pour lui, et je ne parle de situation favorable que du point de vue de la constitution d'une famille recomposée, non du point de vue de l'intérêt de l'enfant ;
- le beau-parent, qui n'a pas encore d'enfant, donne naissance à un demi-frère (une demi-sœur).

Cette substitution du beau-parent au parent de même sexe heurte néanmoins nos convictions actuelles selon lesquelles un enfant a toujours besoin de son parent, le lien entre parent et enfant devant être inconditionnel. Nous avons l'impression que nul ne peut vraiment remplacer un papa ou une maman, et que c'est toujours un grand malheur pour un enfant si son « vrai parent » s'efface de sa vie. Mais nous verrons que cela n'est pas toujours vrai.

La coparentalité
Elle peut se présenter si :
- le parent ne considère pas le beau-parent comme un rival ;
- les conflits du divorce n'ont pas été trop graves ou ont été surmontés par les parents.

Alors, la coparentalité est possible, et l'enfant se trouve face à une véritable « équipe parentale » soudée, à une pluriparentalité.

Le beau-parent remplacera-t-il l'autre parent ?

Le parent extérieur joue-t-il son rôle de parent ?

Depuis 2002, la loi française sur le divorce est formelle : l'enfant a le droit de conserver ses deux parents (voir mon livre précédent : *Deux Maisons pour grandir,* Marabout, 2004), et le divorce ou la séparation ne changent rien à l'exercice de l'autorité parentale, qui reste conjointe.

Un lien préservé par la loi

Si les deux parents demandent la résidence de l'enfant, soit ils se mettent d'accord (solution qui a toujours les faveurs de la justice, et que le juge peut tenter de provoquer en ordonnant aux parents d'assister à une séance d'information sur la médiation familiale), soit le juge prononce, au moins provisoirement, la résidence alternée. Le juge peut aussi décréter que l'enfant passera toutes ses vacances chez l'un de ses parents.

Celui qui déménage et emmène l'enfant au loin sans l'accord de l'autre se met dans son tort, et le parent « lésé » peut demander au juge la garde de l'enfant. Le juge doit donner la résidence de l'enfant à celui des parents qui facilite le plus les contacts de l'enfant avec l'autre.

Attention, si vous pensez que votre ex-conjoint(e) est un danger pour votre enfant et qu'il vaut mieux pour lui qu'il (elle) ne le voie plus, vous devez apporter des preuves du danger qu'il (elle) représente, sinon cela se retournera contre vous et c'est votre conjoint(e) qui obtiendra de la justice la résidence habituelle de l'enfant.

Selon l'article 373-2 du Code civil : « Chacun des père et mère doit entretenir des relations personnelles avec l'enfant et respecter les liens de celui-ci avec l'autre. » C'est dans le but de préserver au mieux les liens de l'enfant avec son « parent extérieur », celui qui ne réside pas avec lui, que la loi de 2002 ne prévoit ni droit ni devoir spécifique entre beau-parent et bel-enfant.

Un lien qui a tendance à se détendre

Malgré l'idéal que représente la coparentalité, les pères séparés ont du mal à garder un lien avec leurs enfants quand ils ne résident plus ensemble, et parfois le beau-père est amené à remplacer un père absent. Un père séparé sur deux voit son enfant moins d'une fois par mois, et plus les enfants sont grands, moins ils voient leur père.

C'est moins vrai pour les mères qui ne demandent pas ou n'obtiennent pas la résidence de leurs enfants. En général, elles réussissent à conserver un lien avec eux, bien que ce ne soit pas le cas pour toutes. Il arrive qu'une mère n'ait pas envie ou ne soit pas capable de s'occuper de son enfant, ou que la mauvaise relation entre son beau-père et un enfant conduise celui-ci à demander de vivre chez son père. Cependant, statistiquement, ce sont plutôt les pères qui perdent le contact avec leurs enfants.

Comment expliquer l'effacement des pères ?

Les pères séparés ne parviennent pas tous à garder le contact avec leur enfant. À cela, il y a au moins trois explications.

La distance géographique

Dans le cas dramatique et médiatisé de la petite Charlotte (quatre ans), dont le père vit à New York et la mère dans le midi de la France, il faudrait à l'évidence beaucoup de bonne volonté et de confiance mutuelle de la part de ses parents pour qu'elle ne perde contact ni avec l'un ni avec l'autre et qu'elle bénéficie de l'éducation des deux. Or recomposer un couple induit d'autres contraintes que celles liées à un enfant. On peut imaginer que la mère de Charlotte vit aujourd'hui avec quelqu'un qui habite et travaille dans le midi de la France, ce qui exclut qu'elle puisse retourner vivre aux États-Unis auprès du père de son enfant. Pourtant, dans un cas similaire, une jeune Américaine que j'ai rencontrée, s'étant séparée du père français de sa petite fille, et alors qu'elle était venue en France et avait quitté son pays trois ans auparavant par amour pour lui, a choisi de rester en France afin que sa fille puisse continuer de voir ses deux parents. Elle a rencontré un autre Français, et aujourd'hui les deux couples recomposés des parents de cette petite fille devenue grande entretiennent des relations d'amitié.

Malheureusement, un tel respect du lien parent-enfant est encore trop rare, même si aujourd'hui les mères se sentent moins « propriétaires » de leur enfant. Certaines mères vont jusqu'à déménager pour s'éloigner du père de leurs enfants. Il existe des cas où cette prise de distance est légitime, parce que le père les harcèle et qu'elles ont peur. En général, cet éloignement relève d'une envie de tourner la page. Cependant, quand on a des enfants, on ne devrait pas se permettre d'y céder.

L'absence de confiance de la mère dans les capacités éducatives du père (et réciproquement)

À tort ou à raison, la confiance de l'un des parents dans les capacités éducatives de l'autre n'est pas acquise. Certaines mères, notamment, qui ont des griefs à l'égard de leur ex-conjoint, ne veulent pas admettre qu'il puisse être un mauvais mari et pourtant un bon père. Or on n'a pas le droit de punir son conjoint en le privant de son enfant, d'autant que cela signifie priver l'enfant de l'un de ses parents, ce qui est très grave.

De fait, il existe des pères totalement incapables de s'occuper de leur enfant, de même qu'il existe des mères égocentriques incapables de donner à un enfant l'amour dont il a besoin. L'autre parent est donc déchiré entre la nécessité légale de confier l'enfant à son autre parent et la conviction qu'il court un danger plus ou moins important, qu'il risque d'être négligé, voire maltraité. Les parents qui contestent à l'autre parent les compétences pour avoir la garde de leur enfant ne sont pas tous des égoïstes ; tous ne cherchent pas à avoir leur enfant pour eux au détriment du bien de cet enfant qui, sauf exception, consiste à voir autant ses deux parents. Les parents qui se déchirent pour la garde d'un enfant ne sont pas tous des inconscients. Il existe des cas où, même s'il se trompe, un parent croit sincèrement qu'il est dans l'intérêt de son enfant de ne pas rester avec l'autre parent. Quel bénéfice un enfant peut-il retirer d'aller chez un parent qui le laisse tout seul devant la télévision des après-midi entières, le confie à quelqu'un d'autre, l'emmène au cinéma voir des films d'épouvante, le nourrit exclusivement de frites et de pizzas ou le fait dormir dans un studio à côté du lit où couche le couple recomposé ?

Cela étant, certaines mères ont un niveau d'exigence trop élevé et n'acceptent pas que le père s'occupe de son enfant différemment d'elles. Par exemple, elles ne comprennent pas que le père laisse l'enfant se débrouiller seul pour faire ses devoirs alors qu'elles suivent de près ce qu'il fait à l'école et le font travailler chaque soir quand il est chez elles. Certaines supportent très mal que la nouvelle compagne de leur ex-conjoint s'occupe de leur enfant, voire la grand-mère paternelle.

En cas de recomposition, une mauvaise relation entre la belle-mère et l'enfant

Quand les pères recomposent une famille – chose fréquente car les hommes restent rarement seuls –, ils sont sollicités par leur nouvelle relation amoureuse qui leur prend beaucoup d'énergie et de temps, et puis ils ont souvent un nouvel enfant. Tout cela fait qu'ils sont moins disponibles et ont moins de temps pour les enfants de leur union précédente. Des pères qui avaient été exemplaires, très investis dans l'éducation de leurs enfants, deviennent des pères du dimanche. Ils se mobilisent davantage pour leur nouveau foyer lorsque celui-ci se développe autour d'un bébé – d'où l'ambivalence des enfants de la première union : ils sont contents que leur père soit heureux, ils sont ravis d'avoir un(e) petit(e) frère (sœur), mais ils ont le sentiment de passer au second plan et peuvent en être atteints.

Dans mon enquête, plusieurs pères ont perdu le contact avec leurs enfants en raison d'une relation très difficile entre ces derniers (pour certains montés par leur mère) et leur nouvelle compagne. D'autres pères ont rompu leur relation avec leur nouvelle femme, mais au prix d'un divorce dont va pâtir l'enfant issu de cette dernière union.

Même en l'absence de ces circonstances, les pères ne parviennent pas toujours à garder le lien. En effet, à l'adolescence, les enfants n'aiment pas trop quitter leur chambre – ils y ont toutes leurs affaires – ni leur quartier – ils y ont leurs copains – pour aller passer le week-end chez leur père et leur belle-mère, surtout quand ils n'ont là -bas ni chambre à eux (chaîne, CD, rollers, skate, sans compter les livres de classe, équipement indispensable…) ni copains proches. Ils craignent de s'y ennuyer. Dans ces conditions, il n'est pas facile pour le père de rétablir le contact avec eux. S'ils n'ont pas de goûts communs ou ne pratiquent pas d'activités sportives ensemble, l'adolescent risque de trouver de plus en plus de bons prétextes pour ne pas venir. Et si, de surcroît, il apprécie peu sa belle-mère, cela n'arrangera pas les choses. Beaucoup de jeunes préfèrent ne voir leur père qu'en tête à tête au restaurant, sauf quand ils ont un(e) petit(e) frère (sœur) qui les attend chez leur père et sa nouvelle compagne.

Quand le beau-parent remplace le parent

Le beau-père comme un père

Un certain nombre d'enfants nouent des liens étroits avec leur beau-parent. Quand les enfants (surtout ceux de la mère) sont jeunes au moment de la recomposition, il arrive souvent qu'il se crée un lien fort entre eux et leur beau-père. Celui-ci, surtout s'il n'a pas d'enfant lui-même, devient comme leur père, d'autant plus que ce dernier a du mal à garder contact avec eux.

> « Mon beau-père nous a considérés dès le départ comme ses enfants. Il a continué. On comptait autant pour lui et pour ses parents que si on avait été ses enfants. Petit à petit j'ai appris à le connaître. Il s'est beaucoup occupé de notre travail scolaire, surtout quand on était petit, et il m'a passé sa passion pour la photo. Ensemble on fait des expéditions photos, on échange nos objectifs. On parle beaucoup de l'actualité avec lui : il adore lire les journaux. Je discute beaucoup plus avec lui qu'avec ma mère, qui est une maman traditionnelle. Quand ma mère a été enceinte, j'ai eu peur qu'il nous aime moins,

qu'il ne nous considère plus comme ses enfants ; ça a été une bonne surprise qu'avec lui ça reste pareil. Il m'appelle "ma fille" devant ses collègues de travail. Je pense qu'il sera malheureux quand je partirai. C'est ma mère et mon beau-père qui décident ensemble pour mes sorties. Il est plus libéral que ma mère, plus compréhensif. Quand je veux faire une sortie, je demande à ma mère, elle me renvoie à mon beau-père, ils se concertent tous les deux. »

Célia, six ans quand ses parents se sont séparés
et que sa mère a reformé un couple avec Georges,
vingt-six ans et sans enfant

Ce type de recomposition, où le beau-père devient comme un père, pose souvent problème lorsque ce beau-père a des enfants d'une précédente union qu'il ne voit que le week-end, voire encore plus rarement. Dans ce cas, ces enfants ont vraiment l'impression d'avoir été supplantés par ceux du nouveau couple, et ils en sont très jaloux. Cette jalousie les fait souffrir. Ils ont le sentiment que les autres enfants leur ont volé leur père. Les trois enfants de Serge, dont le dernier a pourtant dix ans de plus que Cécile, ont très mal pris le fait que leur père éprouve tant d'affection pour la fille de sa compagne.

« Mon vrai père, c'est papou. Si j'ai des reproches à lui faire aujourd'hui, c'est comme on a des reproches à faire à son père. Je l'ai connu quand j'étais toute petite. Il m'adorait, je montais sur ses genoux, on s'embrassait, comme je ne me souviens pas d'avoir fait avec mon père. Je n'ai jamais aimé que mon père me touche et me regarde. »

Cécile, belle-fille de Serge

La belle-mère comme une mère

Les cas où la belle-mère remplace vraiment la mère et où la mère accepte de partager sa place sont plus rares. D'abord, même si les pères demandent plus souvent la résidence de leurs enfants ou une résidence alternée quand ils ont recomposé un couple que quand ils sont seuls, ils la demandent moins que les mères. Par conséquent, au quotidien, les enfants résident plus souvent avec leur mère qu'avec leur père, et ont donc moins de chances de résider avec une belle-mère.

Ensuite, même quand la mère n'obtient pas la résidence de son enfant ou accepte qu'il réside chez son père et sa belle-mère, elle ne perd pas le contact avec lui. Elle le voit en général plus régulièrement qu'un père dans le même cas. Elle ne laisse donc pas facilement sa place. Au contraire, elle se montre souvent jalouse de ses prérogatives maternelles sur lesquelles elle ne laisse pas empiéter la belle-mère.

En revanche, il existe des cas où la mère choisit de s'accomplir autrement qu'en tant que mère, et des cas où elle se révèle incapable d'être mère. Elle part vivre une relation amoureuse dans un autre espace géographique et laisse les enfants à leur père, ou elle a des difficultés personnelles et psychiques qui ne lui permettent pas de s'occuper correctement de ses enfants. Ainsi, il arrive parfois que la compagne du père prenne le relais, s'engage affectivement auprès des enfants de son compagnon et prenne en charge leur éducation.

La loi de 2002 sur l'autorité parentale prévoit que les deux parents, même divorcés, sont titulaires ensemble de l'autorité parentale. Mais la loi prévoit qu'un parent puisse donner une délégation d'autorité parentale à un tiers qui participe régulièrement à l'éducation de l'enfant. Ce tiers peut être le nouveau conjoint ou compagnon du parent, un grand-parent, une tante, etc. Cette délégation d'autorité parentale permet à ce tiers d'effectuer des tâches d'éducation usuelles : signer le carnet scolaire et aller voir les enseignants, emmener l'enfant chez le médecin, l'inscrire à une activité sportive, etc.

Le beau-parent peut-il adopter l'enfant de son conjoint ?

Un beau-parent peut souhaiter adopter les enfants de son conjoint. Cela arrive le plus souvent quand il n'a pas d'enfant biologique lui-même et qu'il élève ou a élevé les enfants de son compagnon (sa compagne), le parent d'origine s'étant effacé. La défenseure des enfants a proposé que soit créé un statut du tiers élargissant les possibilités pour le beau-parent d'obtenir une délégation d'autorité parentale. Mais en 2009, le droit français ne fait encore aucune place au beau-parent en tant que tel. Ainsi, quand un beau-parent veut transmettre son patrimoine à son bel-enfant, s'il n'a pris aucune disposition particulière, l'héritage est taxé à 60 %.

L'adoption simple

Il existe en France ce qu'on appelle l'adoption simple, qui maintient la filiation d'origine. En effet, elle s'y surajoute, contrairement à l'adoption plénière qui l'efface (et qui, par exemple, supprime le lien avec les grands-parents). Pour être adopté selon ce principe, il suffit que votre bel-enfant obtienne l'accord de ses deux parents biologiques. Cela ne retire rien au parent. Quant à l'adopté, il ajoutera le nom de son adoptant à son patronyme d'origine. Il bénéficiera en outre d'un avantage successoral important, car il pourra hériter de son beau-parent comme s'il était son parent, alors qu'aujourd'hui le bel-enfant n'est pas considéré comme un ayant-droit du beau-parent. Si le bel-enfant est encore jeune, cette adoption aura aussi l'avantage de créer un lien juridique entre lui et son beau-parent en cas de décès du parent recomposant.

> Simon n'a vu son père, M. Redoux, que deux ou trois fois depuis la séparation de ses parents quand il avait trois ans. Sa mère, Astrid, s'est remariée avec Jean Benlabi quand il avait cinq ans. Avec lui, elle a eu deux autres enfants. C'est donc Jean qui a élevé Simon. Quand Astrid a eu un problème de santé, elle a tenu à ce que Jean fasse les démarches pour adopter Simon : elle ne voulait pas qu'en cas de malheur Simon soit séparé de ses frères et sœurs et remis à la garde de son père, qui vivait en marginal dans le sud de la France. Simon a donc ajouté le patronyme de Jean au sien, et s'appelle désormais Simon Redoux Benlabi. Mais cela ne change rien au lien de Simon avec sa grand-mère paternelle, Mme Redoux, qu'il voit régulièrement et dont il héritera comme il héritera de ses deux parents et de Jean Benlabi.

Des conséquences pas si simples

Il n'est jamais anodin de se faire adopter, même en adoption simple. En effet, dans nos sociétés européennes, nous avons l'habitude de n'avoir qu'un seul père et qu'une seule mère. En ajouter un(e) autre est délicat vis-à-vis du parent quand il (elle) n'a pas démérité.

> Céline a été élevée par sa mère qui n'a pas revécu en couple depuis son divorce, mais elle voit régulièrement son père, M. Dujardin, qui s'est remarié avec Ève, mère de deux enfants, Pierre et Pénélope. M. Dujardin et Ève ont acheté ensemble un pavillon.

Ève souhaitait qu'après leur décès le pavillon appartienne à parts égales aux trois enfants. Elle proposait donc que M. Dujardin adopte Pierre et Pénélope et qu'elle-même adopte Céline. Il fallait que Céline fasse signer à sa mère l'autorisation de se faire adopter par Ève. Céline n'a pas été d'accord. Elle ne se voyait pas demander ça à sa mère et n'avait aucune envie qu'Ève devienne sa mère. Elle a donc refusé et héritera à la mort de son père de la moitié du pavillon, sauf si celui-ci se marie avec Ève et lui fait une donation. Le désir d'Ève que les trois enfants soient traités à parts égales a échoué. Mais de toute façon les enfants hériteront aussi de l'autre lignée – la lignée de sa mère pour Céline, la lignée de leur père pour Pierre et Pénélope.

Le désir de traiter les enfants à l'identique se heurte à la spécificité de la famille recomposée. Les enfants ont aussi une autre lignée !

Ainsi, il peut être utile de prévoir une adoption simple par le beau-parent, mais ce geste peut être mal compris dans notre société où « on n'a qu'un seul père » et « qu'une seule mère ». L'incompréhension sera d'autant plus grande que le parent extérieur se sera toujours bien occupé de son enfant. Il faut donc bien peser les répercussions de cette démarche sur l'ensemble du réseau familial des enfants.

Quels sont les droits du beau-parent à l'égard de ses beaux-enfants en cas du décès de son conjoint ?

Le parent qui exerce l'autorité parentale peut décider de confier l'enfant à celui qui partage désormais son existence, ce qui est utile s'il a une raison de craindre pour sa vie. Toutefois, il faut soit que l'autre parent y consente, soit prouver que ce dernier s'est désintéressé de l'enfant pendant au moins un an.

Le juge aux affaires familiales peut également décider du vivant même des parents qu'en cas de décès de l'un, l'enfant ne sera pas confié au survivant. C'est une exception à la règle. De fait, normalement, en cas de décès de celui chez qui réside l'enfant, celui-ci est confié à l'autre. Néanmoins, si une personne (par exemple, le beau-parent de l'enfant) peut prouver qu'elle a participé régulièrement et depuis un certain temps à l'éducation de l'enfant et, surtout, s'il existe un ou plusieurs demi-frères (demi-sœurs) auxquels l'enfant est attaché, elle peut demander que, dans l'intérêt de l'enfant, le juge :

• soit lui confie la résidence de l'enfant à titre principal (par exemple, si l'autre parent s'est désintéressé de l'enfant ou s'en est peu occupé jusque-là) ;

• soit lui accorde un droit de visite et d'hébergement (par exemple, si l'autre parent s'est toujours régulièrement occupé de l'enfant le week-end et pendant les vacances).

Dans les cas difficiles où il y a conflit entre le parent extérieur et le beau-parent qui réside avec l'enfant, le juge demande un rapport d'expertise à un assistant social ou à un psychologue. Aujourd'hui, on pense que l'intérêt de l'enfant est dans la stabilité de ses liens : s'il a un lien fort avec son beau-père (ou sa belle-mère) et ses demi-frères (demi-sœurs), le juge ne tranchera pas ce lien.

RECOMPOSITION D'UN COUPLE OU D'UNE FAMILLE ?

En fonction des circonstances qui ne dépendent pas de vous, de vos envies, de vos possibilités ou de celles de votre conjoint, votre recomposition sera uniquement conjugale ou pleinement familiale. En d'autres termes, votre vie s'articulera autour de votre couple (chacun gardant sa famille) ou autour d'une nouvelle famille.

Qu'implique la recomposition familiale ?

Si l'un des membres du couple recomposant a moins de trente ans ou si les deux ont moins de trente-cinq ans environ, si un seul d'entre eux a des enfants et qu'ils sont petits, s'ils souhaitent et peuvent avoir des enfants ensemble, alors leur recomposition sera vraiment d'ordre familial. Leur famille se construira autour de leur nouveau couple et des enfants qui en seront issus. Encore faudra-t-il que l'enfant qui a un parent extérieur n'en souffre pas et se sente membre à part entière de cette nouvelle famille, même si sa famille à lui dépassera les frontières du foyer recomposé pour englober son autre parent. Ainsi, l'enfant pourra respecter l'autorité de son beau-parent, ce qui n'a rien d'évident.

L'autorité du beau-parent

En général, d'après le bel-enfant, le beau-parent n'a aucune légitimité à exercer une quelconque autorité sur lui. Pourtant, si le beau-parent a élevé son bel-enfant depuis longtemps et l'a connu tout petit, il est normal qu'il soit considéré comme ayant un devoir et un droit de surveillance par rapport à lui, surtout s'il contribue au niveau de vie de la famille.

Par ailleurs, même si le beau-parent n'est pas le parent, il est un adulte et il est chez lui. En tant que tel, il a des droits et des devoirs à l'égard d'un enfant qui vit avec lui.

L'autorité refusée

En pratique, si un beau-parent veut affirmer son autorité, il risque d'avoir des relations extrêmement tendues avec son bel-enfant. Celui-ci refusera cette autorité, surtout à l'adolescence. Voilà ce que dit un jeune homme de vingt-deux ans sur ses relations avec son beau-père, qui sont toujours un point douloureux pour lui, même si les choses se sont apaisées depuis qu'il a quitté le foyer parental.

> « Ça n'a jamais été facile avec mon beau-père. Notre relation, c'est stable, mais distant. C'est l'adolescence qui a été difficile. Il s'occupait de mon travail scolaire. Et c'était des conflits. Je n'étais pas bon élève et je ne marquais rien sur mon cahier de textes. Il me mettait des raclées. Ça ne changeait pas grand-chose. On avait beaucoup de conflits sur l'école. Il me punissait, m'interdisait de regarder la télévision, de sortir, j'avais une impression d'injustice. Alors j'abîmais des trucs à lui comme son cactus ; je ne me souviens pas à quel sujet, j'avais cassé sa montre par la même occasion… Il faisait comme s'il était mon père, il n'était que l'autorité. Je n'ai jamais eu de complicité avec lui. Je n'étais jamais tendre avec lui. Je ne lui ai jamais fait de confidences. Entre nous, c'était le rapport de forces. J'avais des paroles violentes, mais surtout des sentiments violents. J'étais forcé de lui obéir. Je ne lui suis reconnaissant de rien. Il a eu le rôle d'un père moins l'amour. On n'a jamais été capables d'avoir des relations affectueuses… peut-être que j'étais fermé. »
>
> Manu, beau-fils de Jacques

L'autorité impossible

Il arrive que le parent extérieur sape l'autorité du beau-parent. C'est ce qui est arrivé quand Claudine, la mère de Jonathan, a recomposé un couple avec Pascal.

> « C'est souvent en revenant de chez son père que Jonathan fait des crises. J'ai l'impression que son père est l'obstacle ; il est toujours en contradiction avec nous. Il refuse que qui que ce soit ait une autorité sur son fils. Une fois, on était au marché, Jonathan avait son walkman sur les oreilles et nous criait en parlant. Pascal lui demande de l'enlever. Il boude et on le perd dans la foule. On perd un temps fou à le chercher et quand je le retrouve, je le gifle et il me donne des coups. Pascal le maîtrise et le secoue. Jonathan lui hurle : "Il a bien raison mon père de dire que tu es un connard." »
>
> Claudine, mère de Jonathan, treize ans

Si vraiment le parent extérieur, en l'occurrence le père de Jonathan, ne peut pas comprendre que c'est toute l'éducation de son enfant qui est en jeu et qu'il doit appuyer l'autorité de Claudine et Pascal pour le bien de son fils, alors ce dernier risque d'avoir des problèmes de comportement. Ces problèmes peuvent se révéler assez graves : problèmes scolaires, problèmes avec la police, usage précoce de substances toxiques (tabac, alcool, drogues), etc. Que l'un des parents sabote l'autorité de l'autre est l'un des inconvénients aggravés par la résidence alternée.

> « Leur mère s'immisçait chez nous, téléphonait pour savoir "comment ça se passait", comme si c'était l'enfer ici, pour que les enfants se plaignent. Cela énervait leur père, mais il ne réagissait pas non plus. »
>
> Olga, belle-mère de Jeanne et Julien

Cautionner l'autorité du beau-parent

Il arrive que les parents fassent confiance au beau-parent, qu'ils n'aient pas peur d'être supplantés dans le cœur de leur enfant et soient même soulagés que le beau-parent veuille bien endosser un rôle éducatif.

Claudine a été pleinement cautionnée non seulement par le père de Romain mais aussi par sa mère, qui a été soulagée que le père accepte de prendre l'enfant chez lui. Claudine a donc pu poser ses conditions. Romain a son compte d'affection quand il va passer un week-end sur deux et les petites vacances chez sa maman qui le dorlote. Le secret, c'est que tout le monde est d'accord sur le rôle de Claudine, qui est éducatif, mais non maternant. Il n'est pas question qu'elle soit une « maman bis ». Son mari la soutient toujours :

> « On n'a aucun conflit de couple au sujet de Romain. C'était la condition *sine qua non*. Daniel a bien compris qu'il avait à me suivre. Il n'est jamais contre moi. En dehors de la présence de Romain, il lui est arrivé de me dire que j'y allais un peu trop fort, mais il m'est reconnaissant de ce que je fais. Cet après-midi, j'ai donné ma première trempe à Romain. Il était parti plusieurs jours chez sa mère. À chaque fois, comme elle n'a pas les mêmes exigences, quand il revient, il y a un moment où il teste les limites. Il m'a menti, il m'a sorti quatre ou cinq versions différentes comme excuses. Je n'ai pas supporté. Je lui ai donné une tape. J'ai appelé son père qui m'a demandé si je voulais qu'il rentre. Je lui ai dit que ça allait se calmer. Ça va se calmer, je suis optimiste. Je me sens d'attaque pour le garder. Il y a déjà eu des progrès. Tout le monde trouve qu'il est mieux. Je n'ai pas avec lui la relation affective que j'aurais avec un fils. Je n'ai pas ce rôle-là à jouer. Sa maman est présente et je ne veux pas du tout me substituer à elle. La maman me fait confiance. Il y a un partage des rôles : sa maman câline, cocoone, moi j'éduque, j'organise. »

> Claudine, belle-mère de Romain

Voilà le secret ! Et c'est pour cela qu'il est si rare que le beau-parent puisse avoir de l'autorité : il faut que le parent du même sexe ait vraiment confiance en lui et le soutienne. Alors l'enfant peut être éduqué par son beau-parent, du moins si ce dernier accepte ce rôle et les responsabilités afférentes, qui sont lourdes. Plus fréquente est la situation où le beau-père a connu l'enfant tout petit, quand il n'avait pas lui-même d'autre enfant, et où il a eu des enfants avec la mère qui sont les demi-frères (demi-sœurs) du bel-enfant.

> Nathalie s'est installée avec Vincent quand son fils, Kevin, n'avait que trois ans. Elle a eu ensuite deux enfants avec lui. Elle constate avec satisfaction que Vincent ne fait pas de différences entre Kevin et ses autres enfants. « Il a beaucoup d'autorité sur Kevin. Il le punit, il le gronde, mais il fait du sport avec lui et il a le souci de s'en occuper. D'ailleurs Kevin appelle de temps en temps Vincent "papa". Il sait que ça ne fait pas plaisir à son père, mais il se trompe quelquefois. » Nathalie sait que si Vincent peut avoir de l'autorité sur son beau-fils, c'est aussi parce que le père de Kevin ne fait pas d'obstruction ni de sabotage : « Kevin ne fait jamais de chantage, car il sait que son père sera d'accord avec moi. On s'entend très bien pour Kevin. Si Kevin fait des bêtises, son père m'appuie. » Le père de Kevin a le côté affectif et s'amuse avec son fils quand il le prend chez lui le week-end. Vincent, le beau-père, éduque Kevin. Il lui manifeste de l'affection et il a de l'autorité sur son bel-enfant. Aussi peut-on dire que dans cette recomposition, il y a une sorte de pluriparentalité.

La recomposition conjugale

Si vous avez tous deux dépassé la quarantaine, si vous avez chacun des enfants de votre côté, si vous n'envisagez pas d'avoir un enfant ensemble, si chacun de vous est très engagé auprès de ses enfants, si le père a ses enfants en résidence alternée ou s'il envisage de les prendre chez lui, si l'un de vous a des enfants déjà adolescents, si les parents extérieurs restent très concernés et si vous coopérez avec eux pour éduquer vos enfants, alors vous êtes plutôt dans une logique où se continuent les familles d'origine, et votre recomposition sera conjugale plutôt que tout à fait familiale.

Vous pouvez, notamment, envisager de garder un temps chacun votre logement pour y accueillir vos enfants et ne vivre en commun que les week-ends, les vacances ou les soirées où vous êtes sans enfants. Vous pouvez penser à vivre dans deux appartements différents mais voisins en dissociant vie amoureuse et vie de famille avec chacun vos enfants.

> « C'est l'idéal. Il n'y a aucun conflit sur la façon dont chacun élève ses enfants, et quand on se voit, on n'est pas là à régler les problèmes du quotidien. On se dit que plus tard, quand nos enfants seront élevés, on vivra ensemble. »
>
> Laure et Gilles, qui ont chacun deux enfants
> en résidence alternée et qui vivent ensemble
> une semaine sur deux quand ils n'ont pas leurs enfants

Cette solution est loin d'être économique. Elle est en outre fatigante car vous n'avez jamais avec vous les affaires dont vous avez besoin (c'est comme une résidence alternée pour les enfants). En revanche, l'avantage est que vous vous retrouvez certains jours dans l'intimité de la famille monoparentale et que vous continuez à élever vos enfants comme vous l'entendez. Quant aux enfants, ils se sentent toujours pleinement chez eux.

Vu son coût, il est rare que cette solution dure longtemps. Par ailleurs, vous avez légitimement envie de passer toutes vos soirées avec votre compagnon ou votre compagne. Vous pouvez vous organiser alors pour vous occuper chacun parallèlement de votre ou vos enfants tout en cohabitant.

C'est la solution choisie par Éric et Christine. Ils ont chacun un fils. Mathias, sept ans, est le fils d'Éric, et Antoine, neuf ans, celui de Christine. Les parents se sont mis d'accord sur une recomposition plus conjugale que familiale. Éric est enseignant et a des horaires qui lui permettent de s'occuper à égalité avec Christine de la maison et des enfants. Chacun des parents a une relation privilégiée avec son propre fils. La mère du fils d'Éric, Mathias, est très proche et veille à ce que Christine n'empiète pas sur ses prérogatives. Mathias se réfère à Éric pour tout ce qui le concerne, de même qu'Antoine se réfère à sa mère. Ils ne cherchent pas à constituer une « famille normale ». Le mode de relation est de parent unique à enfant unique, comme pendant la phase où chaque parent était seul avec son enfant. L'autre n'intervient qu'en cas d'absence du parent.

> « Je ne cherche jamais à me substituer au père d'Antoine, ni Christine à la mère de Mathias. Il s'agit d'une convention commune explicite et d'une symétrie des intérêts. Chacun assume son enfant, même si le dérangement causé par un enfant se gère parfois directement par une engueulade. Mais les enfants, étant bien élevés, respectent un code. Comme ils n'ont pas la même chambre, chaque parent partage un moment d'intimité avec eux symétriquement et un câlin quand ils étaient petits. L'autre leur fait juste un bisou, mais on n'a jamais eu de relation de tendresse avec l'enfant de l'autre. Il n'y a pas de jalousie entre nos enfants. Ils se sont très peu disputés et ont créé

une complicité entre eux qui dure encore à la sortie de l'adolescence. Il leur arrive de tirer leur matelas dans la chambre de l'autre pour finir une conversation. Nous ne sommes peut-être pas une famille normale, mais ni Antoine ni Mathias n'en ont souffert. »

Éric, père de Mathias et beau-père d'Antoine

Cette sorte d'arrangement implique que les deux parents soient également disponibles. Elle est donc souhaitable du point de vue de la parité homme-femme quant aux soins à apporter aux enfants et quant aux tâches ménagères, mais pour cette raison elle n'est praticable que par une minorité de couples.

Faire un enfant ensemble, est-ce bien raisonnable ?

Bien sûr, il serait naïf de prétendre donner des conseils dans un domaine aussi important et aussi personnel. Cependant, si vous avez décidé d'avoir un enfant, il serait raisonnable de vous interroger sur la stabilité de la famille dans laquelle cet enfant va être accueilli. Il serait bon que vous ayez déjà une expérience de la vie dans votre famille recomposée, que vous ayez constaté que peu de problèmes survenaient et que la communication avec votre partenaire était suffisamment facile pour que vous puissiez parler de vos soucis et y remédier. D'autres questions doivent être passées en revue : les enfants issus d'une précédente union (s'il y en a) sont-ils sympathiques et attachants ? Le(s) parent(s) extérieur(s) est-il (sont-ils) conciliant(s) ? Êtes-vous à l'aise financièrement ? Avez-vous de l'espace pour vivre ?

Si vous avez chacun plusieurs enfants et que, en toute sincérité, vous avez répondu « non » à l'une ou à plusieurs de ces questions, vous prenez un risque supplémentaire en décidant d'avoir un enfant. En effet, la situation dans laquelle vous êtes devrait vous orienter vers une recomposition conjugale plutôt que familiale.

Bien sûr, la plupart du temps, la naissance d'un enfant soude une famille recomposée, mais elle interdit la poursuite d'une recomposition de type conjugal, qui peut être mieux adaptée à certaines situations.

> La naissance de Marie a été à l'origine de difficultés dans le couple de ses parents, couple recomposé où jusque-là chacun s'occupait de son enfant de façon symétrique. Le père de Marie voudrait s'occuper entièrement de sa fille, au moins à certains moments, comme il s'est occupé à sa guise de son fils Antoine en résidence alternée. Ce père a des relations directes et enthousiastes avec ses deux enfants. Cela crée des problèmes avec la maman, sa compagne actuelle, et c'est au sujet de Marie qu'il y a dans le nouveau couple des conflits de territoire et d'exclusivité.

Par ailleurs, même si les enfants de l'union antérieure adorent généralement leur demi-frère (demi-sœur), qui sera d'emblée pour eux un frère (une sœur) à part entière, il arrive que le demi-frère (la demi-sœur) aîné(e) ait du mal à surmonter sa jalousie. Attention à ce propos si vous avez l'intention de donner au nouveau bébé la chambre de l'un des enfants. Ce serait pour lui une occasion légitime d'être jaloux.

> La naissance d'Éva a gravement perturbé Simon. Il était content seul avec sa mère. Déjà quand sa mère était enceinte, il l'insultait, il l'avait frappée sur le ventre à plusieurs reprises. Il prétend officiellement être content, mais

il ne regarde jamais sa petite sœur. Celle-ci grandissant, il devient facilement violent à son égard et à l'égard de sa mère qui s'interpose. Un jour, il l'a certainement poussée et fait tomber, ce qui a provoqué une inclusion des dents chez la petite fille. Celle-ci l'adore néanmoins, mais elle le provoque et on gronde Simon.

L'arrivée d'un enfant du couple recomposé dans une situation familiale tendue ne suffit pas à cimenter une famille.

TOUS FRÈRES ET SŒURS ?

Nous avons vu que les recompositions familiales rassemblaient des enfants qui pouvaient être frères et sœurs, demi-frères et demi-sœurs par leur père ou par leur mère, et quasi-frères et quasi-sœurs quand ils étaient issus d'une union antérieure de chacun des membres du nouveau couple. Tous ces enfants vont-ils s'entendre ?

Rappelons-le : il est naturel, voire inévitable, que des frères et sœurs se chamaillent et se jalousent. La Bible raconte le meurtre d'Abel par son frère Caïn et, comme les grands mythes grecs, elle place la violence entre frères aux origines de l'histoire humaine. Pourtant, la fraternité est la valeur par excellence, pour le christianisme comme pour notre république ! Et, contrairement à ce qui se passe pour la paternité ou la maternité, elle n'est pas exclusive. On n'a qu'une seule mère, mais plus on est de frères et de sœurs, mieux c'est ! La relation fraternelle s'accommode du nombre. Or, justement, de nos jours où les familles nombreuses ont quasiment disparu, ou en tout cas se bornent à trois enfants, les enfants ont peu de frères et sœurs, et ils le regrettent.

La fraternité : un lien fort

Ceux qui ont des frères et sœurs y sont très attachés. Les jeunes que j'ai interrogés expriment une solidarité avec leurs frères et sœurs renforcée par le fait qu'ils ont subi comme eux la séparation et la recomposition. Ils apprécient particulièrement d'aller ensemble de la maison de leur mère à celle de leur père, et vice versa. Certes, il serait parfois pratique et équitable de séparer la fratrie, et que certains enfants aillent chez leur mère tandis que les autres iraient chez leur père, mais cette solution est rarement adoptée car elle est contraire aux souhaits des enfants. Il arrive néanmoins qu'un enfant choisisse d'aller chez l'un de ses parents alors que ses frères et sœurs préfèrent rester avec l'autre. Cependant, il est vraiment important que cela demeure un choix libre de sa part.

> Au moment du divorce de ses parents, Sabine, sept ans, a souhaité rester avec son père, tandis que ses deux petites sœurs jumelles de quatre ans vivaient chez leur mère. C'est qu'elle avait eu du mal à accepter les jumelles, qui avaient beaucoup monopolisé leur mère. Elle en était jalouse et appréciait de rester au calme avec son père.

En général, les enfants font bloc, même si certains réagissent différemment à l'égard de leur beau-parent et de leurs éventuels quasi-frères (quasi-sœurs), comme le raconte une belle-mère.

> « Ma relation avec Dorothée a été très difficile. Elle était jalouse de son père. Elle ne le quittait pas. Elle ne voulait pas aller à la table des ados. Il fallait qu'elle reste à côté de son père. Rien ne marchait. Alors que Julie était très dynamique : elle était séduite par moi comme copine... En fait, c'est avec Julie que j'ai eu des conflits. Elle a été

odieuse, épouvantable. Julie ne participe à rien alors que Dorothée fait tout avant qu'on le lui demande. »

Delphine, belle-mère de Dorothée et Julie

Julie ne veut plus venir chez son père. Elle a pris parti pour sa mère, tandis que Dorothée se sent maintenant heureuse et chez elle chez son père.

Lors de cette enquête, une chose m'a frappée ; à la fin des entretiens, la question suivante était posée aux enfants de famille recomposée : « Mais finalement ta vraie famille, c'est qui ? » On obtenait une grande variété de réponses ; certains ne mentionnaient pas leur père, d'autres ne citaient pas leur beau-père, d'autres encore, quoique rarement, n'évoquaient pas leur mère, mais tous mentionnaient leurs frères et sœurs de même père et de même mère.

La recomposition familiale est pour ces enfants l'occasion d'acquérir de nouveaux frères et sœurs. En général, l'arrivée de ces derniers – en particulier les demi-frères et demi-sœurs, considérés comme frères et sœurs « à part entière » – est vue comme un apport très positif par les jeunes, même si elle entraîne certains problèmes spécifiques.

L'arrivée du demi-frère (ou de la demi-sœur)

Vous avez décidé de faire un enfant ensemble ? Ça y est, ça a marché, et vous nagez dans le bonheur ? Il va falloir l'annoncer aux enfants. Vont-ils eux aussi sauter de joie ? Peut-être, mais ce n'est pas sûr.

Pour les enfants issus d'une union antérieure, cette grossesse est d'abord l'annonce que votre couple va durer. Leur rêve de réconcilier papa et maman pour restaurer le bonheur familial passé s'éloigne donc encore un peu plus de la réalité.

Or il ne faut pas oublier qu'ils vont garder ce rêve jusqu'à l'âge adulte, voire au-delà. Les enfants vont devoir continuer leur « travail de deuil », comme disent les psychologues…, et renoncer à retrouver leur famille d'avant. Ainsi, attendez-vous à des réactions mitigées de leur part.

> « Les enfants aiment beaucoup le bébé, même si au début Juliette a été violemment contre. »
>
> Paul, déjà père de Juliette, quatorze ans, d'une union antérieure

Certains enfants peuvent même être catastrophés à l'annonce de l'arrivée d'un bébé, car ils devinent combien cette nouvelle va faire souffrir leur autre parent, auquel ils s'identifient. De fait, l'annonce de cette naissance peut susciter non seulement une grande souffrance chez l'autre parent, mais aussi une véritable haine.

> Une femme qui s'était remariée avec un homme ayant déjà trois enfants de sa première union a été enceinte à quarante-deux ans. Les enfants de son mari, alors âgés de douze, quinze et dix-sept ans, lui ont dit, après que le père leur a annoncé la nouvelle par téléphone : « De toute façon, ça ne tiendra pas, tu es trop vieille. » Bien entendu, ils faisaient écho au discours de leur mère. Celle-ci, démolie après la séparation, était très agressive vis-à-vis de sa rivale, la belle-mère. Cette belle-mère n'a pas eu de mal à mener à bien sa grossesse, mais elle a gardé une rancœur insurmontable à l'égard de ses beaux-enfants. Le bébé une fois né, elle a refusé de laisser les enfants de son mari le toucher et s'en occuper. Elle était persuadée que le bébé avait de l'eczéma à cause de leurs visites. Elle a obtenu de rester à l'étage avec son bébé le jour de la visite des demi-frères et demi-sœurs. Ceux-ci ont fini par ne plus vouloir venir chez leur père et n'ont

plus jamais rencontré leur demi-frère, qui ignore leur existence.

Heureusement, ce cas est tout à fait exceptionnel. C'est le plus dramatique que j'aie rencontré dans mes enquêtes.

En revanche, il arrive que les deux membres de l'ex-couple recomposent une nouvelle famille en même temps et/ou dans la sérénité, ou que, le temps ayant fait son œuvre, les anciens conjoints deviennent indifférents à ce qui se passe chez l'autre. En fait, même si les réactions des enfants ne sont pas d'emblée positives, elles le deviennent vite après la naissance du bébé, surtout quand celle-ci leur est bien présentée et n'intervient pas trop vite après la séparation des parents (parfois, elle intervient d'ailleurs avant). Ainsi, en cas de réaction négative, ne vous inquiétez pas. En outre, la jalousie que pourra éprouver le grand à l'égard du petit ne différera guère de ce qu'éprouvent tous les aînés à la naissance d'un cadet. Attention néanmoins aux enfants fragilisés par la séparation et la recomposition.

> « Au début, j'étais un petit peu jalouse, parce que ma mère était aux petits soins pour lui. Là, j'étais mise à l'écart avec les enfants. Quand ma mère a été enceinte, j'étais furieuse, je ne voulais pas, j'ai dit que ce ne serait pas mon petit frère. C'était le moment le plus difficile. Ma mère m'a dit qu'alors je la faisais tourner en bourrique. Et puis, j'ai évolué. Avec Rémi, je m'entends très bien, c'est mon demi-frère, mais pour moi, c'est comme si c'était mon frère tout à fait. Je l'aide à faire ses devoirs. »
>
> Agathe, seize ans, demi-sœur de Rémi

En règle générale, les aînés fondent devant le bébé quand on le leur met dans les bras, et les relations qui se nouent alors sont profondes. Dans les trois quarts des cas, les demi-frères (demi-sœurs) sont considéré(e)s par les enfants exactement comme des frères (sœurs) à part entière.

Il suffit généralement de valoriser le grand frère (la grande sœur) et d'éviter qu'il (elle) ait à donner sa chambre ou à renoncer à ses habitudes pour qu'il (elle) soit heureux(se) et fier (fière) d'avoir un petit frère ou une petite sœur. L'admiration et l'attachement du petit frère ou de la petite sœur pour les plus grands feront le reste.

Les demi-frères (sœurs) par la mère

Quand la mère a un enfant avec le beau-père, cet enfant est en général élevé avec les autres enfants de la mère, qui résident avec elle et vont chez leur père le week-end. Pour bien des gens, « les frères de mère sont plus frères que les frères de père parce qu'ils ont été dans le même ventre » (A. Martial, *S'apparenter,* MSH, 2003). En réalité, c'est surtout le fait d'avoir vécu et grandi ensemble, sous un même toit, qui crée des liens. Même un garnement comme Jonathan, treize ans, adore son demi-frère de deux ans.

> « Jonathan est super gentil avec son petit frère. Il adore Axel, et c'est réciproque. Il s'en occupe beaucoup, le change et lui donne à manger. Je ne le lui laisse quand même pas la nuit parce qu'en ce moment, je ne sais pas si je pourrai jamais lui faire confiance. Mais il le garde une heure ou deux dans la journée. »
>
> Odile, mère de Jonathan et d'Axel

Pas question pour les enfants issus d'une union antérieure de dire de ceux nés du nouveau couple qu'ils sont leurs demi-frères ou leurs demi-sœurs. Ils sont des frères et sœurs comme les autres, même s'ils ne les voient plus quand ils vont dans la famille de leur autre parent.

Rares sont les cas où l'arrivée d'un bébé dans le nouveau couple aggrave les difficultés de la famille recomposée. Néanmoins, cela s'est passé dans la famille de Simon.

Simon a vécu seul avec sa mère entre un et six ans. Il a assez bien accepté de vivre avec son beau-père, Philippe, mais pas du tout avec le fils de Philippe, Alexandre, qui résidait avec eux une semaine sur deux. Philippe a renoncé à la résidence alternée parce que Alexandre supportait mal sa belle-mère et les manifestations de jalousie de Simon, très agressif à son égard.

Quand Simon a eu onze ans, sa mère a eu un enfant avec Philippe, puis un second. Simon a très mal pris ces naissances. Voici comment son beau-père analyse ses difficultés psychologiques :

> « Le problème de Simon est qu'il avait réussi à éloigner mon fils Alexandre. Il est le seul de la famille à ne pas porter mon nom patronymique. Il se sent illégitime, submergé. Il trouve que je ne m'occupe plus que des petits ! Je pensais qu'il était maintenant trop grand pour souffrir de la naissance d'un petit frère, mais mon fils a eu cette réflexion : "Il n'y a pas d'âge pour être jaloux et pour souffrir." À ce moment-là, il avait compris la jalousie de Simon et ne lui en voulait plus. »
>
> Philippe, beau-père de Simon

Bien que Simon ait mal pris ces deux naissances et ait exprimé sa jalousie de manière agressive, il est probablement salutaire que sa mère lui ait donné un frère et une sœur et l'ait délogé de la position de fils unique qu'il occupait malgré la recomposition. Si l'on avait interrogé Simon, il aurait sans doute parlé des petits comme de ses frères et sœurs.

Cet exemple de difficultés entre demi-frères et demi-sœurs ne doit pas nous faire oublier tous les cas où le petit frère ou la petite sœur sont adorés par leurs aînés. La « demi-fraternité » est assimilée à la fraternité d'après les déclarations des intéressés eux-mêmes, qui incluent leurs demi-frères et demi-sœurs par leur mère dans leur vraie famille.

Les demi-frères (sœurs) consanguin(e)s

Ce qui les caractérise, quand ils ont été reconnus par leur père, est qu'ils portent le même nom – du moins était-ce vrai jusqu'à la loi qui introduit la possibilité pour les parents de donner à leur enfant soit le patronyme du père, soit celui de la mère.

Bien que les demi-frères et demi-sœurs par le père n'aient pas souvent vécu ensemble au quotidien durant l'enfance, puisqu'ils résident rarement dans le même foyer, ils se considèrent comme des frères et sœurs, à condition bien sûr qu'ils se soient vus régulièrement et aient des souvenirs d'enfance en commun.

> « Ma petite sœur Cécile, je l'aime beaucoup et je la considère vraiment comme ma sœur. Quand je vais là-bas, je joue avec elle. Elle a bien compris depuis toute petite qu'elle était ma sœur. »
>
> Stéphane, qui voit sa demi-sœur Cécile un week-end sur deux, quand il va chez son père

Bien sûr, il n'est pas toujours facile à une mère de laisser des grands qui ne sont pas ses enfants s'occuper de son petit.

Des enfants de sept-huit ans qui jouent avec un petit de quatre ans ne vont pas toujours comprendre qu'il ne faut pas l'exciter, sans quoi les jeux risquent de dégénérer en bagarre. La mère du petit va donc être amenée à gronder les grands, comportement qui évoquera plus la marâtre que la mère. Il semble important que les demi-frères et demi-sœurs aînés puissent néanmoins s'occuper souvent des plus jeunes et jouer avec eux, surtout s'ils ne les voient qu'un week-end sur deux. Pour certains, le petit frère ou la petite sœur vont constituer une raison de venir chez le père et de se sentir chez eux chez la belle-mère.

> « Manon est ma sœur à part entière. J'avais beaucoup de complicité avec elle. J'étais hyper content d'avoir une petite sœur. À ce moment, j'étais content d'aller chez mon père. Je passais tout mon temps avec elle. Je m'en suis pas mal occupé. Elle souhaitait me voir plus. »
>
> Éric, demi-frère de Manon

Le lien de consanguinité est très valorisé par les enfants. L'affection fraternelle contribue à restaurer une sécurité familiale qui avait été fragilisée par la rupture parentale. Non seulement les principaux intéressés refusent de faire la différence entre demi-frère (demi-sœur) et frère (sœur), mais ils y sont encouragés par les adultes. Même « l'autre parent » ne s'oppose pas à ce que son enfant parle de son « frère » ou de sa « sœur », bien que lui-même ne les connaisse pas toujours. D'ailleurs, les enfants cherchent à faire se rencontrer les demi-frères (demi-sœurs) qu'ils ont de chaque côté et à ce qu'ils tissent des liens entre eux alors qu'ils n'ont pour leur part aucun lien de parenté. L'enfant est souvent heureux de pouvoir inviter chez sa mère l'enfant du nouveau couple de son père, et inversement. Et l'effort que fait l'autre parent en accueillant cet enfant chez lui en vaut la peine.

Les quasi-frères (quasi-sœurs)

Nous avons vu que peu d'hommes ont « la résidence » de leurs enfants. La présence quotidienne au même foyer des enfants du père et de ceux de la mère est donc rare. Les enfants du père viennent le plus souvent le week-end ou pendant les vacances. Dans ces conditions, il n'est pas toujours évident que les quasi-frères ou quasi-sœurs se considèrent comme faisant partie d'une même fratrie et acceptent de faire partie de la même famille selon le choix de leurs parents.

En revanche, quand les écarts d'âge ne sont pas trop importants, les enfants deviennent assez rapidement des compagnons de jeu. Il arrive même que les membres du nouveau couple se soient rencontrés par le biais de leurs enfants, voire que les enfants aient pour ainsi dire choisi de remarier leurs parents.

> « On peut même dire que ce sont les enfants qui nous ont réunis. Comme on habitait le même immeuble, les enfants allaient à la même école. Je les connaissais de vue. Je crois que les filles ont immédiatement brodé, imaginé des scénarios. Elles n'ont pas été étonnées de notre décision de vivre ensemble. Les filles ont été enchantées. Elles disent "ma sœur" en parlant l'une de l'autre… »
>
> Étienne, père de Mélanie et beau-père de Sophie

Cependant, même quand les choses se passent aussi bien, les relations qui unissent les enfants ne sont pas vraiment d'ordre fraternel, sauf s'ils ont été élevés ensemble depuis la petite enfance.

> « Je m'entends bien avec le fils de mon beau-père. Je parle de lui comme mon frère à l'école. On est dans le même lycée. On a accroché tout de suite. On a passé les vacances ensemble, je suis même sortie avec lui. Maintenant, c'est fini, mais on s'entend toujours bien. »
>
> Aude, qui a connu son quasi-frère à seize ans

Quand on fait connaissance à seize ans, c'est par jeu qu'on se désigne comme frère et sœur, mais personne n'est vraiment dupe, et le tabou de l'inceste ne joue pas.

D'autres, au contraire, malgré le lien de leurs parents, ressentent de l'antipathie pour leur quasi-frère (quasi-sœur). Ainsi pour Muriel : Juliette, sa quasi-sœur, s'entend très bien avec son beau-père, chez lequel elle vit. Muriel, qui était très proche de son père, a souffert de ne plus vivre avec lui et de voir Juliette prendre sa place de petite dernière.

> Muriel est terriblement jalouse de moi. C'est pourtant sa petite chouchoute. Quand j'étais petite, une fois, j'avais huit ans, elle m'a dit : "Si tu me prêtes ton vélo, je te prête mon papa." Elle a eu un bac C à seize ans ; il l'admire ; elle me faisait des réflexions humiliantes.
>
> Juliette, quasi-sœur de Muriel

« Thomas est plus vieux que moi, mais j'ai toujours l'impression d'être avec un enfant de douze ans. Au début, j'étais décidé à bien m'entendre avec lui, mais on n'a aucun point commun. On n'a rien à se dire à part salut. On est polis. Il n'y a aucune agressivité mais c'est tout. De la jalousie vis-à-vis de Thomas, oui, j'en ai ressenti quand mon père est parti au ski avec lui en pensant que je ne pourrais pas venir. Je me serais débrouillé et j'aurais séché si j'avais su. Et puis le dernier cadeau de la boîte où mon père travaille a été pour Thomas, et là j'ai été dégoûté, mais pour le principe. C'était une babiole, mais pas de raison qu'il l'ait. »

> Benjamin, seize ans, qui ne supporte pas le fils de sa belle-mère

Certains enfants emploient les mêmes mots pour qualifier leurs quasi-frères et quasi-sœurs que certains beaux-parents quand ils parlent de leurs beaux-enfants : ils leur reprochent d'être mal élevés, trop gâtés, « emmerdants »...

La situation s'envenime quand l'un des parents intervient, la mère prenant la défense de ses enfants, le père des siens. Il arrive qu'un enfant soit agressif envers un autre ou, plus grave, que des frères et sœurs se liguent contre celui ou ceux de l'autre lignée ; le jeu peut même dégénérer en brimades.

> « Mes beaux-fils se disputaient sans cesse – sauf quand ils embêtaient Hubert. J'ai découvert que quand il était aux toilettes, ils regardaient par une fente de la porte et se moquaient de lui. Hubert était beaucoup plus mûr. Il était bon en classe et brillant au piano. Pour mon mari, c'était dur de faire la comparaison avec les problèmes de ses fils qui avaient tous deux redoublé. »

> Colette, qui a découvert que ses beaux-fils étaient agressifs avec son fils Hubert

La différence de réussite, déjà difficile à vivre quand elle concerne des enfants de mêmes parents, est redoutable dans les recompositions familiales. La jalousie envers celui qui réussit ne concerne alors pas seulement l'enfant moins brillant, mais aussi son parent. Cette partialité du parent peut donner lieu à bien des conflits dans le couple.

La relation entre les quasi-frères et quasi-sœurs dépend donc vraiment des bons moments partagés dans l'enfance et de la sympathie qui existe entre eux. Toutefois, elle est toujours menacée par la rivalité ressentie par rapport à l'amour des parents et au fait d'être valorisé à leurs yeux. Cette relation est donc moins solide que la relation fraternelle et résistera moins aux aléas de la vie d'adulte, surtout si elle est concurrencée par d'autres relations fraternelles. Un enfant unique élevé avec des quasi-frères (quasi-sœurs) a plus de chances de garder un lien avec eux qu'un enfant ayant déjà trois frères (sœurs) et deux demi-frères (demi-sœurs)... Mais un demi-frère (une demi-sœur) commun(e) constitue un lien entre des quasi-frères (quasi-sœurs).

> Georges (trois enfants d'une première union) et Hélène (deux filles d'une première union) ont eu ensemble Arthur, puis ils se sont séparés. Malgré l'échec de cette recomposition, deux demi-sœurs d'Arthur par son père revoient régulièrement les demi-sœurs d'Arthur par sa mère.

Les enfants sont des acteurs et non des figurants passifs. Ils peuvent se déclarer frères et sœurs pour échapper à leur solitude face à leur parent ; ils peuvent aussi refuser de s'inclure dans la famille recomposée, gardant la nostalgie de la famille antérieure. La relation entre frères et sœurs est indissociable de l'ensemble des relations entre les membres de la famille, en particulier de la relation entre beau-parent et bel-enfant. Il est normal que des frères et sœurs éprouvent de la jalousie les uns envers les autres, d'autant plus que la recomposition familiale modifie les places dans la fratrie. Celui qui était enfant unique, habitué à monopoliser l'attention, n'est plus au centre des préoccupations. Le petit dernier peut être délogé de sa place par l'enfant de l'autre parent, plus jeune que lui. L'aîné peut se voir relégué chez les petits si les enfants de l'autre parent sont plus âgés.

C'est au parent de conjuguer une disponibilité attentive à son propre enfant (trouver le temps de le voir et de lui parler régulièrement seul à seul) et une plus grande impartialité quand il s'agit de partager ce qui doit l'être entre tous les enfants de la maison ou de gronder et de rappeler les règles de la vie commune.

La naissance d'un enfant dans le nouveau couple joue un rôle dans la dynamique de la recomposition. Transformant le compagnon du parent en parent du demi-frère ou de la demi-sœur, l'enfant de la recomposition légitime la place du beau-parent dans la famille et crée un lien généalogique entre les quasi-frères et quasi-sœurs.

Les « beaux-grands-parents »

Il y a plusieurs façons d'être « beau-grand-parent ». On peut être le nouveau conjoint d'une grand-mère (ou la nouvelle conjointe d'un grand-père). La recomposition a alors lieu à la génération des grands-parents. À cet égard, rappelons que les jeunes grands-parents d'aujourd'hui sont la première génération pour laquelle le divorce était fréquent.

On peut aussi être le parent d'un beau-père ou d'une belle-mère, quand son fils ou sa fille a recomposé un couple avec un conjoint qui a déjà des enfants. Cette fois, la recomposition a eu lieu à la génération des enfants des grands-parents.

Dans les deux cas, la recomposition signifie pour l'enfant l'augmentation autour de lui du nombre d'adultes susceptibles de jouer un rôle de grands-parents, mais parallèlement l'affaiblissement du lien avec ses vrais grands-parents. Au lieu d'avoir deux couples de grands-parents, il peut en avoir trois ou quatre, ou bien trois couples et un grand-parent seul, quand, par exemple, une grand-mère veuve n'a pas recomposé de couple.

Que peut-on attendre des beaux grands-parents ?

Quand la recomposition a lieu à la génération des grands-parents

Comme souvent dans mes enquêtes, j'ai rencontré des situations très diversifiées. Les rôles traditionnels de l'homme et de la femme jouent encore certainement : il y a plus de chance que les membres du couple recomposé se comportent en grands-parents si la femme est grand-mère. Même s'il existe des femmes « plus femmes que mères », plus intéressées par leur vie de couple, par leur métier ou par elles-mêmes que par les enfants, la majorité d'entre elles consacrent beaucoup d'amour et d'énergie à leurs petits-enfants, de même qu'elles s'étaient investies auprès de leurs enfants.

Dans mes enquêtes, j'ai rencontré quelques femmes qui ont vraiment eu l'impression de devenir grand-mère le jour où leur belle-fille a eu un bébé. Il s'agissait en général de belles-mères qui avaient joué un rôle de mère de substitution auprès d'une belle-fille n'ayant pas eu une mère très maternelle ou ayant perdu sa mère.

Les grands-mères se rendent disponibles pour leurs petits-enfants et constituent pour leur fille (et pour leur fils, quoique dans une moindre mesure, en général) une aide indispensable, surtout si elles sont retraitées. La femme entraîne alors son nouveau conjoint dans ses activités de grand-mère : aller chercher les petits à la crèche ou à l'école, les garder le mercredi quand ils sont scolarisés, les prendre pendant les vacances. Elle leur achète des jouets ou des vêtements avec l'argent du ménage ; elle les gâte sans réserve.

La plupart du temps, le « beau-grand-père » suit. Il s'attache au bébé– même si au début il n'était pas très enthousiaste –, d'autant que l'enfant ne fait pas la différence : il l'appelle papi et lui manifeste la même affection qu'à ses grands-pères biologiques. Si c'est l'homme qui est grand-père, l'engagement du couple recomposé auprès des petits-enfants est moins probable. Non qu'il soit anodin pour un homme d'accéder au statut de grand-père – en général, il est très ému et « il fond » devant le bébé –, mais il est fréquent que ses liens avec son enfant adulte se soient un peu distendus depuis qu'il s'est séparé de son ancienne femme et qu'il a recomposé un couple. Quant à la « belle-grand-mère », elle se sent rarement investie envers les petits-enfants de son nouveau conjoint. Or, malgré les progrès accomplis par les pères depuis une trentaine d'années, les hommes de plus de cinquante ans ont moins l'habitude de s'occuper des bébés que les femmes. Il est donc probable que les parents du bébé hésiteront à le confier au couple recomposé grand-père/« belle-grand-mère », et que celui-ci proposera rarement de s'en charger. Le jeune couple s'adressera plutôt à la grand-mère maternelle, qui a statistiquement plus de probabilités de vivre seule, les femmes étant moins nombreuses que les hommes à recomposer un couple.

Pour beaucoup de grands-parents divorcés, l'interaction avec les petits-enfants est moins forte que s'il n'y avait pas eu rupture conjugale. Quand les enfants du divorce deviennent parents, les rapports entre générations ne s'améliorent pas toujours. Les conflits familiaux de l'enfance laissent des traces et peuvent dégénérer en rupture complète qui prive le petit-enfant d'un lien avec ses grands-parents – plus souvent son grand-père que sa grand-mère.

Grands-pères au-delà du divorce

Quelques grands-pères divorcés, qui s'étaient fortement investis en tant que pères dans les années 1970-1980 et qui, malgré leur divorce, avaient gardé un lien fort avec leur enfant au long des années tiennent, le moment venu, à jouer pleinement leur rôle de grand-père. Ils viennent seuls garder leur petit-fils ou leur petite-fille, d'autant qu'ils sont souvent retraités, contrairement à leur nouvelle compagne, la plupart du temps plus jeune qu'eux. Plutôt habiles pour changer les couches et occuper un petit, ils constituent un recours pour les jeunes parents.

Quand la recomposition a lieu à la génération des enfants des grands-parents

Quand elles divorcent, les filles resserrent généralement les liens avec leur propre mère. Par conséquent, les petits-enfants ont tendance à fréquenter et à apprécier davantage leurs grands-parents maternels. Toutefois, j'ai constaté que les grands-mères paternelles (ainsi que les grands-pères, mais dans une moindre mesure) ne se laissaient pas décourager et s'employaient à maintenir le lien avec leurs ex-belles-filles et leurs petits-enfants quand leur fils divorçait, même si lui-même perdait le contact avec eux. Elles essaient de rester à l'écart des conflits du divorce et rendent volontiers service aux ex-compagnes de leurs fils pour continuer à voir leurs petits-enfants. Elles ne se laissent pas écarter : elles reçoivent chez elles leurs petits-enfants et veillent sur eux. Il n'est pas rare qu'un enfant ne voie son père que chez sa grand-mère paternelle, ou reprenne contact avec lui grâce à elle.

Les grands-mères paternelles jouent un rôle bénéfique en réunissant la lignée paternelle. Grâce à elles, tous les cousins se retrouvent lors des fêtes de famille ou pendant les vacances. Sans elles, bien des enfants perdraient contact avec leur branche paternelle. Quand les enfants recomposent un couple, il faut distinguer entre des situations très différentes : les grands-parents ont-ils plusieurs enfants ? Avaient-ils déjà des petits-enfants quand l'un de leurs enfants a recomposé un couple avec quelqu'un ayant un enfant d'une union antérieure ? Si tel est le cas, il sera difficile aux grands-parents de ne faire aucune distinction entre cet enfant et leurs petits-enfants biologiques, qu'ils ont connus depuis la naissance et dont ils se sont peut-être beaucoup occupés.

> « Notre belle-mère a été acceptée par notre grand-mère paternelle, mais cette grand-mère qui est extra ressent les choses un peu comme nous. Elle aimait beaucoup maman et continue à voir mes grands-parents maternels ; ils sont très bons amis. Donc cette grand-mère a bien accepté les enfants de Sylvie. Elle leur offre des cadeaux à Noël, aux fêtes, mais elle ne les considère pas comme nous. De temps en temps, elle nous invite au restaurant

en tête à tête avec elle, pas eux, elle nous fait des câlins… On sent la différence. »

Estelle, petite-fille de Suzanne

Les parents d'Anne avaient déjà cinq petits-enfants, dont les deux filles d'Anne, et ils s'en occupaient beaucoup quand Anne a quitté son mari pour vivre avec Alain. Alain avait lui-même trois enfants. Les parents d'Anne ont été désolés du divorce, et ils ont accueilli Alain et ses trois garçons avec un enthousiasme mitigé. Ils avaient déjà quatre-vingts ans à la naissance de la fille d'Alain et Anne, et n'avaient plus la force de garder le bébé. Le mercredi, Anne venait déjeuner avec ses trois enfants. Alain en a voulu aux parents d'Anne de ne pas accueillir ses trois garçons, et à Anne de ne les avoir jamais emmenés chez eux, d'autant plus que ses parents à lui ne s'occupaient guère de leurs petits-fils. Mais les parents d'Anne ne se sont jamais sentis engagés auprès de leurs beaux-petits-fils.

En revanche, si les grands-parents ont un enfant unique qui recompose un couple avec quelqu'un qui a un jeune enfant issu d'une union antérieure, la situation se présente sous un autre jour : cet enfant est le premier de la troisième génération, et s'il a par la suite des demi-frères ou des demi-sœurs, qui seront les petits-enfants à part entière des grands-parents, il y a de fortes chances pour que ceux-ci se révèlent très engagés auprès d'eux tous.

Corinne ne voit plus son père depuis qu'elle a six ans. Elle est élevée par sa mère, Hélène, et son nouveau conjoint, Pierre. Pierre étant resté célibataire jusqu'à trente-huit ans, ses parents désespéraient d'avoir des petits-enfants. Ils ont donc chaleureusement accueilli Corinne et Hélène, et ont considéré l'enfant comme leur petite-fille. Quand Hélène et Pierre leur ont donné d'autres petits-enfants, ils ont continué à chérir Corinne et à la considérer comme l'aînée de leurs petits-enfants. Ils se sont beaucoup occupés d'elle, plus que des suivants, car leur santé a décliné et ils n'ont pu établir une relation aussi forte avec les plus jeunes.

Une place à prendre ?

Si les enfants de votre nouveau partenaire ne voient plus du tout l'une de leurs lignées, par exemple s'ils ont perdu le contact avec leur père et avec leur lignée paternelle, ou si leurs grands-parents sont décédés ou ne s'occupent pas du tout d'eux, vous pouvez les présenter à vos parents en insistant sur le rôle de substitution qu'ils peuvent jouer.

Si un enfant est ouvert et si les « beaux-grands-parents » sont encore en bonne forme et accueillants, un lien très fort peut se créer entre eux. Il faut s'engager à respecter ce lien en cas d'échec de la recomposition. On ne peut demander à un enfant d'adopter des « beaux-grands-parents » et à des « beaux-grands-parents » d'adopter un enfant pour les séparer au bout de quelques années !

Néanmoins, il est prudent de ne pas trop attendre des « beaux-grands-parents ». Il faut bien comprendre leurs réticences à reconnaître comme l'un de leurs petits-enfants l'enfant de leur bru ou de leur gendre !

Dans les recompositions familiales, le nombre de grands-parents « sociaux » est démultiplié, au détriment de l'intensité de la relation entre chacun d'eux et les petits-enfants. Ce lien se relâche d'autant plus que les jeunes parents ont tendance à privilégier leur nouveau couple et à prendre leurs distances avec leurs parents et leurs nouveaux beaux-parents. En retour, en ce qui concerne la garde des enfants, ils sont souvent moins aidés par les grands-parents que les couples stables et les parents seuls. Psychanalystes et ethnologues s'accordent pour montrer l'importance des grands-parents en ce qui concerne la construction de la mémoire et de l'identité personnelle. Ils contribuent à l'ancrage de l'enfant dans une mémoire familiale liée à des lieux (les maisons), à des objets, à des histoires transmises.

LA QUESTION DE L'ARGENT

L'argent est toujours un sujet délicat qui cristallise les tensions. « Quand on aime, on ne compte pas », a-t-on coutume de dire, mais entre les parents séparés, les conflits d'argent sont fréquents.

La pension alimentaire

Dans la majorité des cas, le père doit verser une pension à la mère parce qu'il a un salaire plus important qu'elle et que l'enfant vit la plus grande partie du temps chez elle. Il peut avoir du mal à accepter de verser cette pension alors qu'il profite peu de ses enfants. La situation est encore plus difficile pour lui quand sa femme a refait sa vie. Il n'est pas agréable de verser une somme d'argent à quelqu'un que l'on n'aime plus (et qui a reformé un couple) sans avoir les moyens de contrôler son utilisation. Dans mes enquêtes, certains pères avaient l'impression de financer l'homme qui les avait supplantés, et ils préféraient verser leur argent directement à leur enfant dès qu'il était majeur, sans passer par l'intermédiaire de la mère.

Les mères, pour leur part, se plaignent de l'insuffisance du montant des pensions et du fait que beaucoup de pères les versent irrégulièrement ou partiellement. Il faut dire que certains sont insolvables. Le divorce appauvrit, et quand on gagne le SMIC ou qu'on est au chômage, il est difficile de verser une pension. Certaines mères renoncent d'ailleurs à faire des démarches pour recouvrer leur pension afin d'« avoir la paix » ; elles préfèrent ne plus compter sur leur ex-conjoint. Dans ce cas, c'est souvent le beau-père qui prend le relais et assume la charge financière de l'enfant – chose que, légalement, le père devrait faire.

On constate que de nombreux pères s'éloignent de leurs enfants et participent moins à leur entretien à partir du moment où ils ont recomposé un couple et ont eu des enfants avec leur nouvelle compagne. Il est possible de demander au juge aux affaires familiales de réduire la pension due pour des enfants d'une précédente union quand on a refait sa vie avec une femme sans ressources et ayant la charge d'enfants dont le père est décédé ou insolvable. En effet, dans le nouveau foyer, chacun doit contribuer aux charges du ménage en fonction de ses ressources propres. Toutefois, on comprend que l'ex-femme et les enfants éprouvent un sentiment d'injustice. Ce n'est pas à eux de payer les frais de la nouvelle vie du père ! Certains juges refusent d'ailleurs de réduire le montant d'une pension quand la nouvelle femme dispose d'un patrimoine ou d'une qualification qui lui permettrait de travailler et d'assurer l'entretien de ses enfants.

Quels sont les devoirs financiers du beau-parent ?

En droit français, le père et la mère doivent payer les frais alimentaires et éducatifs de leurs enfants en fonction de leurs moyens financiers. Qu'ils soient séparés ou divorcés ne change rien à ces devoirs. En revanche, le beau-parent n'a pas le devoir légal de contribuer financièrement aux frais d'éducation de ses beaux-enfants. Toutefois, il doit contribuer aux charges du ménage en fonction de ses ressources.

Dans les faits, le beau-père participe en général plutôt largement au budget familial : ses beaux-enfants en constituent un poste important, surtout quand leur père ne verse rien pour eux, ou seulement une maigre pension. Ainsi, le beau-père est souvent considéré comme généreux par ses beaux-enfants, puisqu'il agit selon la « norme » qui veut que, gagnant plus que les femmes, les hommes doivent apporter des ressources à leur foyer et à la femme qui prend soin d'eux.

La belle-mère, quant à elle, considère souvent que la pension versée par son nouveau compagnon à ses enfants d'une précédente union, qui ne résident pas avec elle, est excessive, et que ces enfants sont trop gâtés. Elle tend à freiner les dépenses que le père fait pour eux. Comme c'est souvent les femmes qui gèrent le budget, la belle-mère a quelquefois l'impression d'être sacrifiée au profit de l'ancienne femme de son mari. Elle cherche à limiter les frais liés à ses beaux-enfants (pension mais aussi cadeaux, vêtements, loisirs, vacances, puis, quand ils deviennent adultes, logement, scolarité prolongée, etc.). C'est pourquoi elle est souvent considérée par ses beaux-enfants comme « radine », jugement qui a l'avantage de laver leur propre père de tout soupçon : ce n'est pas lui qui manque à ses devoirs, c'est la belle-mère qui le pousse à ne pas être généreux envers ses enfants d'une union antérieure !

> « Ma belle-mère était radine. Si on voulait aller à la piscine, elle nous demandait si on avait apporté des

sous. C'est elle qui tenait le porte-monnaie. Quand mon père se promenait avec nous, il n'avait jamais plus de 5 euros. Pour mes quatorze ans, elle m'a fait un cadeau, dans un vieux plastique, avec le prix marqué dessus, un maillot de bains blanc à pois bleus qui n'était pas à ma taille. J'étais gênée, j'ai rougi de honte, j'espérais que c'était une blague. Mon père ne s'est aperçu de rien. »

Margot, belle-fille de Marie-Catherine

Les disparités financières hommes-femmes

On pourrait croire que les réactions décrites ci-dessus datent d'une époque antérieure à l'indépendance économique des femmes, et qu'elles ne sont plus de mise aujourd'hui. Or, dans mes enquêtes, les questions et les conflits d'ordre financier sont revenus régulièrement. C'est que l'égalité homme-femme n'est toujours pas réalisée. Généralement, encore aujourd'hui, les femmes s'occupent plus que les hommes du ménage et des enfants, et s'investissent moins dans leur vie professionnelle. Elles ont toujours moins de ressources économiques que les hommes et doivent compter sur eux pour assurer leur niveau de vie.

Quand les couples se désunissent, les mères qui vivent avec leurs enfants se retrouvent plus perdantes financièrement que les pères, et les belles-mères ne comprennent pas toujours pourquoi leurs beaux-enfants ont besoin de tant d'argent.

Qui doit payer ?

L'argent reste donc un sujet particulièrement délicat dans les familles recomposées. Déjà, il peut être source de

Familles recomposées : un défi à gagner

conflits dans le couple recomposant. L'équité n'est pas évidente dans l'organisation d'un budget. Qui va prendre en charge les dépenses liées à un enfant qui est celui de l'un mais pas de l'autre, surtout quand aucune pension ne vient les compenser ?

> Pierre a un fils de seize ans qui vient tous les week-ends. Il vit avec Jeanne, qui a elle-même deux enfants. Ces derniers résident avec eux et ne vont chez leur père que la moitié des vacances. Pierre gagne 2 500 euros net mensuels et verse 300 euros de pension à son ex-conjointe. Jeanne, elle, travaille à 80 % du temps et gagne 1 000 euros par mois. Elle touche environ 200 euros par mois du père de ses enfants, qui travaille irrégulièrement. Pierre finance le budget familial et contribue donc largement au niveau de vie des enfants de Jeanne. Celle-ci ne comprend pourtant pas que l'ex-femme de Pierre lui demande une contribution spéciale pour financer un séjour linguistique d'un mois aux États-Unis pour leur fils qui fait de bonnes études. Pour Jeanne, c'est un luxe qu'elle ne pourra jamais offrir à ses enfants. En outre, elle considère que, avec la pension et ses propres revenus, l'ex-conjointe de Pierre pourrait payer ce séjour sans demander de rallonge. En revanche, Jeanne voudrait emmener ses enfants en voyage en Espagne avec elle et Pierre. Le fils de Pierre en veut à sa belle-mère. Il l'accuse d'inciter son père à ne pas lui offrir un séjour que plusieurs parents d'élèves de son lycée ont déjà payé à leurs enfants. Quant à Pierre, tiraillé entre les intérêts des uns et des autres, il voudrait bien échapper aux pressions.

Dans les familles recomposées, la question financière est compliquée parce que le transfert d'argent concerne aussi les beaux-parents. Comme nous l'avons vu, traditionnellement, les femmes pensent disposer d'un droit sur les revenus de leur mari dans la mesure où elles se consacrent plus qu'eux aux tâches ménagères et aux enfants. La belle-mère apprécie donc peu le versement d'une pension qu'elle trouve injuste. Elle a tendance à limiter les frais pour ses beaux-enfants, qui lui reprochent d'être pingre.

En revanche, le beau-père est presque toujours considéré comme généreux : il finance volontiers l'entretien du bel-enfant pour faire plaisir à sa femme. Quand son bel-enfant devient adulte, il lui paie des études, et si ses relations se tendent avec lui, il lui paie une chambre indépendante – le cas échéant, au détriment de la poursuite des études.

> « Mon frère et moi, on a décidé avec mon beau-père qu'il valait mieux que l'on ne vive plus ensemble tous les trois. Ma mère n'a rien eu à dire. Si on a voulu partir dès septembre dernier, c'est qu'on ne s'entendait plus du tout avec lui. Il y a eu plusieurs crises. À la dernière, on s'est dit : "On se casse." Lui a été d'accord pour nous payer des chambres de bonne. On en a trouvé deux qui communiquent. Ma mère n'a pas remis ça en question. »
>
> Anna et son frère, qui ont voulu avoir leur indépendance
> dès qu'ils ont eu dix-huit ans

Toutes les enquêtes montrent que les jeunes partent en moyenne plus vite du foyer parental quand celui-ci est recomposé. L'une des conséquences de cette situation est que ces jeunes, pressés de conquérir leur indépendance, font en général moins d'études que les autres.

Famille recomposée et sexualité

Les relations sexuelles entre bel-enfant et beau-parent

Avec un bel-enfant mineur

L'opinion publique sait que, dans de nombreux faits divers racontés et commentés dans les médias, c'est le compagnon de la mère qui a abusé de l'enfant de celle-ci. Pourtant, il ne semble pas qu'il y ait plus de risque de pédophilie de la part d'un beau-père que de celle d'un père, surtout quand ce dernier ne s'est pas beaucoup occupé de son enfant bébé.

Abuser d'un mineur est un crime poursuivi par la loi et jugé devant les assises. Le soi-disant consentement de l'enfant mineur n'est en rien une circonstance atténuante, car par définition un mineur de quinze ans ou moins n'est pas censé disposer de son consentement.

Les circonstances aggravantes, quant à elles, sont constituées par le fait que l'abus est perpétré par « personne ayant autorité ». Or, même si le compagnon de la mère n'est pas le père de l'enfant ni le mari de la mère, il est censé avoir autorité sur l'enfant.

Avec un bel-enfant majeur consentant

Y a-t-il inceste quand il y a relations sexuelles entre un beau-parent et son bel-enfant majeur (comme dans les cas étalés au grand jour de Woody Allen et de Jacques Anquetil) ?

Autant l'opinion publique est scandalisée – à juste titre – par un beau-père qui abuserait d'une jeune belle-fille (ou d'un jeune beau-fils), autant les choses paraissent plus floues quand il s'agit de relations sexuelles entre majeurs consentants.

Woody Allen a épousé la fille adoptive de Mia Farrow, qui avait été sa compagne pendant plus de dix ans et avec qui il avait eu un fils. Est-ce scandaleux ? Pour se défendre, le metteur en scène faisait valoir que Soon Yi n'était que la fille adoptive de son ex-compagne et qu'il n'avait jamais été marié avec Mia Farrow. Du moment qu'ils s'aiment, pourquoi se laisser intimider par les traditions ?

Face à ce type de situation, les psychanalystes expriment leurs craintes : ils s'inquiètent des ravages qui peuvent être provoqués par cette façon de jouer avec les places familiales. Toutes les sociétés ont interdit et réprouvé le fait pour un individu de coucher avec la mère et la fille ou avec le père et le fils. Ces comportements introduisent une rivalité sexuelle dans une lignée et bouleversent la place des générations. Dans le cas de Woody Allen, son fils a pour sœur quelqu'un qui est en même temps sa belle-mère. Pour Mia Farrow, sa fille est devenue sa rivale. Leur famille s'est désintégrée.

L'interdit de l'inceste n'est pas seulement une affaire de risque pour la descendance lié à la consanguinité. Transgresser cet interdit, d'après les psychanalystes, c'est transgresser la loi fondatrice de la société. Cette loi essentielle à l'autonomie du sujet humain veut qu'on ne cherche pas ses partenaires sexuels à l'intérieur de la famille, mais que les familles s'ouvrent et se lient les unes aux autres par l'alliance sexuelle. Et l'âge ne peut véritablement y changer quelque chose : ce qui est interdit en dessous de dix-huit ans ne peut être totalement anodin après. Celui qui a occupé une place de père ne peut impunément occuper celle d'un amant. Elles sont contradictoires.

Pour la psychanalyse, quand le beau-parent a connu l'enfant petit et a joué un rôle parental, l'effet psychique produit par une union entre eux est celui d'un inceste. De toute façon, une telle situation fait exploser toutes les relations familiales. Dans mon enquête, plusieurs jeunes filles ont fait état de leur pudeur par rapport à leur beau-père, et vice versa.

> « Entre Érelle et moi, il n'y a pas trop de promiscuité. Elle fait attention de ne pas sortir de la salle de bains à poil. On se fait la bise, de temps en temps je lui touche amicalement l'épaule. Quand je suis là, elle n'a pas de position érotique, elle se tient bien. On fait attention. »
>
> Luc, qui n'a que dix ans de plus que sa belle-fille Érelle, seize ans

Les romans et les films mettent souvent en scène des filles amoureuses de leur beau-père, des Lolita provocantes. Dans les faits, il semble que les situations soient plus fréquemment celles décrites par les jeunes filles, c'est-à-dire un beau-père qui devient « collant » et leur fait des avances. D'après les enquêtes américaines, c'est l'une des raisons qui pousserait les filles de famille recomposée à quitter plus vite que les garçons le foyer parental.

Sans être obsédé par cette question et tout en faisant confiance à la personne que l'on aime, il faut se souvenir que ce type de problèmes peut survenir dans tous les milieux sociaux. Il ne faut pas être naïf, et il convient de rester à l'écoute de ses enfants.

Quand quasi-frères et quasi-sœurs sortent ensemble

Il est rare qu'un quasi-frère devienne amoureux de sa quasi-sœur, ou inversement, quand ils ont été élevés ensemble.

On parlait de frères ou sœurs de lait pour les enfants qui avaient été allaités par la même femme, qu'elle soit la mère pour les uns ou la nourrice pour les autres. Une telle fraternité se construit également entre les enfants qui, petits, ont partagé les mêmes bouillies, les mêmes jeux, les mêmes rires et les mêmes chagrins. Cette fraternité devient amitié à la puberté, mais la composante sexuelle s'y mêle rarement de façon consciente. Elle est souvent inhibée, empêchée, comme entre frères et sœurs.

En revanche, quand des parents d'adolescents décident de vivre ensemble, il arrive que le fils de l'un soit attiré par la fille de l'autre (ou l'inverse). Les parents qui cherchent à construire une famille recomposée hésitent alors entre réprobation et satisfaction. Bien sûr, comme dans les téléfilms de Roger Vadim, ils peuvent être satisfaits que leurs enfants s'entendent et cherchent à être le plus souvent possible ensemble. Cependant, beaucoup sont inquiets ou contrariés car ils savent que cette relation amoureuse met en question la famille qu'ils voudraient réaliser : en « sortant ensemble », ces jeunes manifestent le fait qu'ils n'appartiennent pas à une famille comme les autres. En effet, soit ils montrent ouvertement qu'ils ne sont pas frère et sœur, soit ils bravent l'interdit de l'inceste entre frère et sœur. Par ailleurs, la relation amoureuse que vivent ces jeunes peut se terminer dans une atmosphère passionnelle en contradiction avec le lien durable d'ordre fraternel que les membres du couple recomposé souhaitent instaurer entre leurs enfants respectifs.

Les anthropologues ont constaté que jadis, en Bretagne, quand un veuf et une veuve se remariaient et qu'ils avaient l'un un fils l'autre une fille, on favorisait le mariage entre les deux. Cette alliance présentait l'avantage de supprimer les problèmes d'héritage.

Pour les psychanalystes néanmoins, un couple formé de conjoints qui sont l'un le fils, l'autre la fille de conjoints remariés ne peut s'affranchir totalement d'un sentiment d'inceste et de culpabilité. Une psychanalyste raconte que l'un de ces couples est resté stérile, sans qu'aucune cause organique de la stérilité ait pu être décelée (F. Hurstel, « La construction de la parenté », in I. Théry, *Quels repères pour les familles recomposées ?*).

2. Mettez toutes les chances de votre côté

Il est facile de donner des conseils. Les suivre est plus délicat, car cela implique quelquefois qu'on se change soi-même en profondeur. Rien n'est plus difficile, sinon improbable, que de suivre des conseils, quelle que soit la volonté dont on fait preuve. Tous ceux qui ont essayé d'arrêter de fumer ou de boire ont compris les limites de la volonté d'une part, de l'efficacité des conseils de l'autre.

La plupart des conseils que je me permets de donner ici ne sont pas des recettes. Loin de moi l'idée de dire à quelqu'un ce qu'il doit faire ou ne pas faire. En revanche, mon but est de vous aider à voir les choses telles qu'elles sont, et non telles que vous souhaiteriez qu'elles soient. Or rien n'est plus difficile que de renoncer à une illusion quand on en a une. Ainsi, si vous expliquez à votre ami Paul qu'il s'illusionne en croyant que Pierre lui rendra l'argent qu'il lui a prêté, Paul ne voudra pas vous croire. Mais, progressivement, ne voyant pas revenir son argent, il devra bien se rendre à l'évidence. La prochaine fois que vous lui donnerez ce type de conseil, Paul, sachant que vous avez raison, comprendra mieux la situation et réagira plus vite.

Renoncer à l'illusion de la famille recomposée idéale où tout le monde s'aime d'emblée peut sembler dur au départ. Cependant, c'est ce qui permettra d'éviter de culpabiliser les protagonistes de la recomposition – adultes et enfants – qui ont des réactions certes mesquines, jalouses, crispées sur le passé, mais humaines et, finalement, compréhensibles. Vous pourrez dès lors vous émerveiller devant les moments de plus en plus nombreux d'harmonie, de chaleur, de plaisir, de solidarité, qui montreront que votre famille est véritablement en train de se recomposer.

DIX CONSEILS AU PARENT QUI RECOMPOSE UNE FAMILLE

1. Renoncer au rêve de la substitution magique

On ne « refait » pas sa vie quand on a un enfant. Vous ne pouvez pas tourner la page de l'union précédente, tout simplement parce que votre ex-conjoint(e) restera toujours le père (la mère) de votre enfant.

Un passé toujours présent

Vous ne pouvez pas substituer d'un coup de baguette magique le beau-parent, que vous aimez, au parent, que vous n'aimez plus. Certes, cela est possible dans la relation de couple, mais pas dans la vie familiale. Ce serait merveilleux si, au petit déjeuner du dimanche matin, l'ambiance était aussi chaleureuse entre vos enfants et Julie, votre nouvelle compagne, qu'au temps de l'harmonie de la première famille, quand leur mère faisait griller les toasts. Attention : c'est une illusion ! L'enfant, c'est le passé qui est encore là. N'imaginez pas qu'un enfant oubliera un parent auquel il a été lié par la tendresse et l'amour. Même si, d'après vous, son père ne s'est pas beaucoup occupé d'Arthur, le fait que votre nouvel ami, Julien, prend à table la place de son papa ne va pas passer inaperçu et risque de le choquer profondément.

Même dans les cas de disparition définitive du parent, si l'enfant a dépassé trois ou quatre ans, il ne sera pas facile au beau-parent de prendre sa place. Il y a quelques exceptions : quand les enfants ont souffert d'une mère égocentrique, infantile et instable, d'un père tyrannique et violent, d'un parent qui les humiliait et trouvait du plaisir à les faire souffrir. Les parents dangereux pour leurs enfants existent, et pour ces enfants le divorce et la recomposition familiale constituent un soulagement. De tels événements peuvent contribuer à ce qu'ils se reconstruisent.

La recomposition est un défi

Il n'y a que la personne qui vit avec ses enfants et son nouveau compagnon (ou sa nouvelle compagne) pour croire que tout va bien se passer parce qu'elle aime tout le monde dans cette famille recomposée. Or ce n'est pas parce que votre conjoint(e) vous aime qu'il (elle) aimera vos enfants. Vos enfants adorés sont peut-être mal élevés, capricieux, possessifs, collants, jaloux, insolents, etc. Il faut être réaliste. Tous les enfants ne sont pas craquants. Il en est même d'insupportables ! Et ce n'est pas non plus parce que vous aimez votre nouveau (nouvelle) conjoint(e) que vos enfants l'aimeront : ils le (la) trouvent moins beau (belle) que leur père (leur mère), moins drôle, moins tendre, moins intelligent(e), il (elle) fait moins bien la cuisine, etc. Dites-vous bien une chose : contrairement à vous, ils ne l'ont pas choisi(e) ! En outre, ils ont parfois l'impression qu'il (elle) leur a volé leur maman (leur papa), que c'est à cause de lui (d'elle) que la présence de papa (maman) est devenue impossible. N'espérez pas qu'ils s'aiment d'emblée. Si c'est le cas, vous aurez une sacrée chance, et il faudra faire en sorte que cela dure…

2. Ne pas demander à votre nouveau conjoint d'aimer vos enfants comme s'ils étaient les siens

Le beau-parent n'est pas un parent adoptif. Dans notre culture occidentale, « on n'a qu'un seul père » et « on n'a qu'une seule mère ». Dans le cas d'une adoption, la mère qui adopte est la vraie mère de l'enfant, celui-ci n'ayant pas d'autre mère pour s'occuper de lui : c'est un oiseau tombé du nid. Elle va investir tout son amour dans cet enfant, un amour qui va la conduire à se dévouer sans compter. Cependant, cet amour est également dispensé pour une part en échange de l'exclusivité de l'amour filial que l'enfant va manifester. Si cet enfant réussit sa vie, devient quelqu'un de bien, ce sera grâce à elle.

De même, le père adoptif a réfléchi à l'adoption et l'a voulue. Elle correspond à un désir profond de transmettre tout ce qu'il est et ce qu'il a à un enfant dont il se sent responsable en tant que père, et il sait qu'un lien très fort va se créer entre lui et l'enfant adopté.

Quand un homme ou une femme tombent amoureux de quelqu'un qui a déjà des enfants, la situation est différente : le beau-parent n'avait pas envisagé d'adopter des enfants ; quant aux enfants de son (sa) futur(e) conjoint(e), ils ont des parents qu'ils aiment et qui les aiment. Sauf exception, ces enfants n'ont donc pas de besoins affectifs, pas d'attente particulière à l'égard du (de la) futur(e) conjoint(e) de leur parent. Lors d'un entretien, un jeune homme a eu cette expression significative : « Mon beau-père est arrivé chez nous comme un cheveu sur la soupe. » Dans ces conditions, ne vous étonnez pas si votre conjoint ne fait pas de bisous à votre enfant dans son lit tandis qu'il en fait au sien, ou s'il n'est pas aussi bouleversé que vous le jour de l'entrée en CP de votre enfant alors qu'il avait pris un jour de congé pour la rentrée du sien. Il faut attendre – parfois longtemps – pour que se créent des liens d'affection entre beau-parent et beaux-enfants. Dans certains cas, ce n'est qu'à l'âge adulte et quand le bel-enfant a quitté depuis des années le toit familial que des relations décontractées et affectueuses voient le jour.

En revanche, vous pouvez demander à votre conjoint de ne jamais critiquer vos enfants ni leur autre parent en leur présence, et surtout de ne jamais se moquer d'eux.

3. Se mettre d'accord avec le beau-parent pour savoir s'il sera l'éducateur de vos enfants. Si oui, le cautionner en toute occasion

Il s'agit de bien réfléchir avec votre conjoint(e) pour déterminer s'il est mieux qu'il (elle) éduque avec vous votre enfant ou qu'il (elle) se contente d'une cohabitation bienveillante en cherchant à éviter les conflits.

Vous êtes devant un dilemme : allez-vous compter sur votre conjoint(e) pour avoir de l'autorité sur votre enfant ? Allez-vous lui confier un rôle d'éducation à l'égard de son bel-enfant ? (Voir « L'autorité du beau-parent », p. 84.) Lui confier ce rôle est envisageable s'il (si elle) est d'accord pour l'endosser, s'il (si elle) n'a pas peur du conflit, si votre couple est solide, si vous partagez les mêmes principes d'éducation et les mêmes valeurs, si vous faites confiance à ses qualités d'éducateur et si votre enfant est encore jeune (pas encore adolescent).

Attention : dans le cas où le bel-enfant est adolescent, si son parent extérieur vous est hostile et reste très proche de lui, il n'acceptera pas facilement cette autorité !

N'oubliez pas non plus que de nombreux beaux-parents hésitent à se charger du poids et de la responsabilité de l'éducation d'un enfant qui n'est pas le leur. Ce n'est pas drôle de se bagarrer avec un adolescent pour qu'il ne sorte pas trop souvent le soir, pour qu'il ne rentre pas trop tard ou qu'il fasse son travail scolaire. Ce n'est pas plaisant de le houspiller pour qu'il se lève le matin ou qu'il fasse du sport plutôt que de traîner avec des copains au look incertain et de sortir on ne sait où le soir. C'est épuisant d'affronter conflits et négociations interminables sur ses études, son comportement et son allure. Beaucoup de beaux-parents préfèrent se cantonner prudemment à un rôle périphérique : donner leur avis si on le leur demande, donner un coup de main en mathématiques ou en anglais, et, pour le reste, laisser les parents en première ligne. Or cela ne servirait pas à grand-chose que vous obteniez de votre conjoint(e) qu'il (elle) se force à jouer les éducateurs s'il (si elle) ne se sentait pas à l'aise dans ce rôle.

Autre condition impérative : si vous avez pris votre décision et que votre conjoint(e) adopte un rôle éducatif, il s'agit de le (la) cautionner entièrement, du moins devant l'enfant, quitte à débattre ensemble, en cas de divergence de vue, de l'attitude à adopter, comme le font les parents unis. En aucun cas vous ne devez chercher à trouver en permanence des excuses à votre enfant, à lui éviter les sanctions, sinon vous courez au-devant de conflits dans votre couple. Le parent doit toujours appuyer le beau-parent si ce dernier intervient dans l'éducation de l'enfant.

> « J'appuie toujours Jean quand il gronde les enfants, et si je le trouve trop sévère – ça arrive, comme pour notre fille commune d'ailleurs –, j'attends que les enfants ne

soient plus là. Si je prends leur défense, c'est que je trouve qu'il n'a pas beaucoup de patience. Mais il m'aide à avoir de l'autorité sur Benjamin. »

Anne-Marie, mère de Benjamin, douze ans

Si vous, parent, pensez qu'il vaut décidément mieux que votre conjoint(e) ne se mêle pas d'imposer telle ou telle contrainte à votre enfant, vous devez l'en prévenir. Expliquez-lui qu'il (elle) ne refera pas l'éducation de votre enfant, et que c'est vous qui vous en chargez, si possible avec le soutien de l'autre parent. Mais alors, c'est à vous également de veiller à ce que votre enfant n'ait pas un comportement insupportable pour l'adulte qui cohabite avec lui. À vous de ranger ou de réparer ce que votre adolescent dérange ou casse s'il ne le fait pas lui-même !

4. Ne pas exhiber votre relation amoureuse devant les enfants

Gardez toujours à l'esprit que les enfants ont du mal à accepter la sexualité de leurs parents. Il est encore plus choquant pour eux de penser à la sexualité entre l'un de leurs parents et un nouveau partenaire. Quand un parent est très amoureux, il se comporte souvent comme tel : petits baisers dans le cou, étreintes passionnées dans le canapé, mots d'amour, etc. Il ne s'aperçoit pas de la gêne que cela peut susciter chez l'enfant. Cette gêne est d'autant plus importante pour ce dernier qu'il a le sentiment que son parent extérieur souffre de la relation étalée sous ses yeux. Si cet enfant est lui-même adolescent ou jeune adulte, il va considérer que ce type de comportement est normal à son âge, mais totalement déplacé de la part de la génération précédente (même si vous vous sentez très jeune, si votre partenaire a moins de trente ans, et bien qu'on puisse être amoureux à tout âge).

Une certaine pudeur est donc requise en présence des enfants, pour ménager à la fois leur jalousie, votre statut de parent, et leur loyauté à l'égard de leur autre parent. Cela n'empêche pas de roucouler les jours où les enfants sont chez leur autre parent. Voilà l'avantage des familles recomposées sur les familles ordinaires, du moins quand les enfants vont par intermittence chez l'autre parent.

J'ai rencontré plusieurs adolescents(es) qui, tout en continuant à voir leur père, ont cessé de dormir chez lui parce qu'il vivait avec une toute jeune femme ou recevait des jeunes filles sous son toit. Statistiquement, le cas est plus rare avec les mères, mais la situation est alors absolument analogue.

5. Essayer d'informer votre ex-conjoint(e) de la recomposition et d'apaiser les vieux conflits

Même si les conflits du divorce ne sont pas liquidés, il faut chercher à apaiser l'éventuelle colère de votre ancien(ne) conjoint(e) et, si ce n'est pas possible, au moins l'informer calmement de votre projet de recomposition. Dans la plupart des cas, la haine et le ressentiment de l'autre parent peuvent téléguider, consciemment ou inconsciemment, une opposition violente entre le beau-parent et l'enfant. Or l'enfant peut saboter le couple recomposé. Pour faire face aux difficultés de l'éducation, en particulier à l'adolescence, mieux vaut faire front uni. Pour que parents et beaux-parents coopèrent, il est utile de régler les conflits en suspens. Cela implique parfois de renoncer à obtenir la pension à laquelle on pensait avoir droit, ou au contraire de l'augmenter un peu, ou d'accepter de faire les trajets pour que le déménagement qu'on a décidé ne pénalise pas le parent qui reste sur place. On « achète » ainsi son indépendance en offrant à celui qu'on quitte et qui souffre une compensation financière ou un service pour lui montrer qu'on ne le méprise pas, qu'on a encore de l'estime pour lui.

> Le père de Naomie a quitté sa mère parce qu'il voulait vivre un grand amour avec une autre. Mais il a accepté de partir sans rien et de laisser l'appartement à la mère de ses enfants. Celle-ci a été très en colère au début, mais elle a reconnu au bout de deux ans qu'il avait été plus que correct avec elle et elle a normalisé ses relations avec lui.

Informer l'autre

Il est important d'informer son ex-conjoint(e) de l'arrivée du beau-parent : il (elle) a le droit de savoir qui va vivre avec son enfant. Cela dispensera en outre l'enfant de jouer un rôle d'informateur, souvent pris comme un rôle d'espion, et d'être soumis à un feu roulant de questions de l'un de ses parents sur ce qui se passe chez l'autre : « Mais alors, dans quelle chambre vas-tu dormir lorsque ses enfants vont venir à la maison ? Et est-ce que ça ne va pas t'empêcher de dormir qu'il y ait des plus grands qui se couchent plus tard à la maison ? Et qui va te conduire à l'école ? Est-ce que madame B (la voisine) va encore te prendre le mercredi ou est-ce que tu vas rester à la maison avec la copine de papa (ou le copain de maman) ? »

Votre enfant n'a pas à répondre à ces questions, et encore moins à votre angoisse – par ailleurs légitime. C'est à vous de prendre les devants. Ce n'est pas non plus le moment pour un homme de dire à son ex-femme : comme je me mets en couple avec une femme qui ne travaille pas et qui a deux enfants à charge et que nous allons en avoir un autre, je vais réduire de moitié la pension que je te verse pour nos enfants. Vous comprendrez que malgré tout le bonheur qu'elle vous souhaite, elle soit furieuse que ce bonheur se traduise pour elle par une réduction de son niveau de vie et de celui de ses enfants.

Entretenir de bonnes relations

Essayer d'avoir des relations courtoises est un minimum à atteindre de part et d'autre. C'est comme au travail : même si vous n'avez aucune sympathie ni aucune estime pour un collègue de bureau ou pour votre patron, vous lui dites bonjour et vous lui parlez normalement, sans l'injurier. C'est ce type de relation qu'il faut viser avec l'autre parent. Cela ne veut pas nécessairement dire que vous soyez les meilleurs amis du monde.

> J'ai rencontré des ex-conjoints qui s'étaient remariés. Mais les uns habitant à Paris et les autres à la montagne, ils se rendaient régulièrement les uns chez les autres. Le couple recomposé du père est parisien. Quand ce père venait chercher sa fille pour les vacances, il passait au moins deux jours chez son ex-femme et son mari avec sa nouvelle épouse. Quand son ex-femme et son mari actuel avaient affaire à Paris, ils résidaient chez le couple de l'ex-mari. Ils ont noué des liens de réelle amitié, ce qui facilite les choses en toutes circonstances. Le seul inconvénient pourrait être que leur fille a eu du mal à comprendre pourquoi ils ne vivaient pas tous les quatre ensemble tout le temps, puisqu'ils s'entendaient si bien.

Il faut être vigilant : dans de nombreux cas, derrière l'apparente harmonie et décontraction des relations se cache une dissymétrie. Même s'ils n'en disent rien, les nouveaux conjoints éprouvent souvent un certain agacement devant l'intimité et la complicité qui lient encore les anciens conjoints quand il n'y a pas eu de conflit grave. Rares sont les nouveaux conjoints qui apprécient que l'ex-conjoint(e) passe chez eux sous quelque prétexte que ce soit, téléphone tous les soirs, prenne son ex comme confident(e).

La résidence alternée des enfants est parfois difficile à vivre pour le nouveau conjoint car, pour bien fonctionner, elle nécessite une communication suivie et régulière entre les parents. Le nouveau conjoint peut se sentir exclu, ce qui risque de susciter sa jalousie.

> Christine et Éric se sont séparés sans drame, mais ils ne vivaient pas ensemble, Christine ayant un appartement dans la rue d'à côté de celui d'Éric. Ils avaient leurs enfants chacun la moitié de la semaine. Les enfants allaient librement d'une maison à l'autre, et les parents se retrouvaient souvent pour discuter chez l'un ou chez l'autre dès que se posait un problème pour les enfants. Quand Éric a décidé de vivre avec Julie et que celle-ci s'est installée chez lui, elle a très mal supporté la relation qui unissait encore Christine et Éric. D'après elle, son mari était encore sous la dépendance de Christine. Quand un jour la fille d'Éric et Christine a ouvert la porte à sa mère qui venait la chercher et qu'au lieu de partir avec elle, elle l'a fait entrer dans l'appartement et lui a montré quelque chose dans sa chambre, Julie a vu rouge. Elle a exigé que Christine sorte immédiatement, ce qui a suscité colère et déception chez les enfants. Cette scène pénible aurait pu être évitée si Éric avait anticipé les problèmes et discuté avec Julie d'une part, avec Christine de l'autre, de ce que sa nouvelle vie de couple changerait à leurs habitudes de proximité. Il aurait compris que Julie, ne se sentant pas encore assurée dans son couple, était jalouse de Christine, et il aurait pu convenir de se

> retrouver de temps en temps avec Christine et les enfants en terrain neutre.

La recomposition peut aussi être mal supportée par l'autre parent de votre enfant. En effet, elle introduit une nouvelle distance entre vous et lui (elle), qui donne toute sa dimension à votre séparation jusque-là masquée par la coopération dont vous faisiez preuve pour vos enfants. Elle sera dure à vivre pour le conjoint qui a subi la séparation, qui est toujours amoureux de l'autre et qui n'a pas recomposé de couple. C'est pourquoi, dans ce cas, il convient de prendre des précautions pour annoncer la recomposition.

6. Prévenir l'enfant qu'il va avoir un beau-parent

Comment annoncer la nouvelle

Les enfants supportent mal d'être mis devant le fait accompli. Par ailleurs, même jeunes, ils sentent quand on a tramé quelque chose dans leur dos ; ils ne sont pas dupes et n'aiment pas qu'on les prenne pour des idiots. Il vaut donc mieux éviter de préparer la première rencontre avec le nouveau conjoint en leur faisant croire qu'elle est le fruit du hasard. Jouez plutôt franc jeu en donnant à cette rencontre un côté officiel.

Les enfants sont tout à fait capables de comprendre que leur parent a besoin de revivre en couple, d'aimer et d'être aimé. D'après les psychologues, cela ne signifie pas pour autant qu'il faille leur demander leur avis : ce n'est pas à eux de décider de la vie de leurs parents. La recomposition, même s'ils paraissent s'y opposer au début, peut les aider à devenir plus autonomes. Quand ils auront l'âge de quitter le foyer parental, ils s'en iront plus facilement s'ils savent que leur parent n'est plus seul et est heureux. Ils peuvent ainsi trouver beaucoup d'avantages à la nouvelle situation. D'ailleurs, certains sont d'emblée contents de l'arrivée de leur beau-parent.

> « Ma mère avait besoin d'affection, et elle se rabattait sur nous. Je me souviens que de temps en temps, je couchais dans son lit. Mon beau-père a permis que je me dégage des jupons de ma mère. »
>
> Guillaume, vingt ans, qui a eu un beau-père à l'âge de sept ans

> « Avec mon beau-père, ça a collé tout de suite. J'étais contente de son arrivée. J'avais besoin de quelqu'un, c'était rassurant pour moi. Il a mis de la vie dans notre existence. Avant, avec ma mère, c'était assez morose. On avait nos petites habitudes, sortie le dimanche avec les grands-parents. J'ai été aussi très contente d'emménager avec lui, et avec ses enfants. J'allais connaître des gens nouveaux, on allait faire une famille plus nombreuse ; c'était positif pour moi. »
>
> Nadia, seize ans

Parler avec l'enfant

Il convient de prendre le temps d'annoncer à l'enfant ce qui va se passer, ce qui va changer dans sa vie quotidienne, ce qui est déjà décidé et ce qui ne l'est pas encore, ce qu'on projette, etc. L'enfant peut avoir une réaction négative mais, en général, cette réaction s'atténue avec le temps.

Il faut donc parler longuement avec lui. Quelles inquiétudes a-t-il ? Pourquoi éprouve-t-il de l'appréhension ? Les circonstances de l'arrivée d'un beau-parent doivent être préparées pour que chacun se sente à l'aise et afin d'éviter les face-à-face et les silences gênés. Une sortie, une activité que l'enfant aime bien pourra être l'occasion de lui prouver que son parent tient compte de lui et que le beau-parent ne le lui a pas volé. Il peut être utile de ne pas imposer trop vite à l'enfant la cohabitation avec le beau-parent. Même si vous avez hâte de profiter de votre nouveau bonheur à deux, il est sans doute plus habile de ménager une transition de quelques mois pendant laquelle le beau-parent partagera les week-ends et les vacances de l'enfant avant de s'installer vraiment avec vous.

7. Rassurer l'enfant

L'enfant doit sentir qu'il est aimé autant qu'avant par son parent qui a recomposé un couple, et qu'il n'a pas à choisir entre son beau-parent et son autre parent.

Le beau-parent ne lui volera pas son parent. Celui-ci va continuer à s'occuper de lui, et ils auront encore des moments d'intimité. Par exemple, ils partageront en tête-à-tête un repas par semaine, ou feront une promenade le samedi après-midi sans le beau-parent. Passer un quart d'heure le soir dans la chambre de son enfant avant de profiter de l'intimité d'une soirée en couple peut être nécessaire pendant quelques mois, voire quelques années. De toute façon, à l'adolescence, l'enfant n'aura plus besoin de ce rituel, sauf si la recomposition est récente et qu'il cherche à éprouver l'attachement de son parent. Cependant, il appréciera toujours de passer un moment en tête-à-tête avec celui-ci.

> Pierre, qui a recomposé une famille, reçoit chez lui un week-end sur deux ses deux enfants, âgés de dix-huit et quinze ans. Il les avait aussi un mardi soir sur deux, mais

les enfants renâclaient à déménager leurs affaires de classe pour une soirée. Ne travaillant pas trop loin de leur lycée, il leur a alors proposé de déjeuner avec eux chaque semaine le vendredi midi. Il vient les chercher à la sortie du lycée et les emmène prendre un steak-frites à la brasserie. Les enfants sont contents d'échapper à la cantine et satisfaits de voir régulièrement leur père sans leur belle-mère.

Certains hommes se refusent à une telle démarche. Ils cherchent à éviter la rencontre directe : ils ont du mal à parler de façon authentique avec leurs enfants et comptent sur leur femme pour s'occuper d'eux. Il s'agit parfois d'une sorte de timidité, d'un manque de confiance en eux en ce qui concerne la communication avec les enfants. Pourtant, se forcer un peu au début en vaut la peine. L'expérience montre en effet que la complicité avec les enfants vient vite et qu'elle réserve beaucoup de joies.

Il est également important que l'enfant ne se sente pas rejeté avec l'arrivée de nouveaux venus chez son parent. Nous l'avons vu, il est souvent plus difficile pour un enfant de ne pas éprouver d'inquiétude et de jalousie quand son père, plutôt que sa mère, recompose un couple, dans la mesure où il voit son père moins souvent que sa mère. En effet, les enfants de la précédente union vont constater que leur père vit désormais avec d'autres enfants pour lesquels il peut avoir des gestes de tendresse et une complicité née d'une intimité au quotidien. Ils vont alors se sentir supplantés dans le cœur de leur père et développer le douloureux sentiment d'être lésés : on leur a pris leur père. En outre, chez leur belle-mère, qui a tendance à imposer ses propres règles en tant que maîtresse de maison, ils n'ont pas l'impression d'être vraiment chez eux. Ils vont exprimer leur sentiment d'insécurité et leur souffrance en étant soit agressifs soit fermés. Ils vont s'installer devant la télévision ou l'ordinateur pendant tout le week-end, s'enfermer dans leur chambre ou garder leur baladeur sur les oreilles.

La jalousie

Le beau-parent et le bel-enfant aiment une même personne : le parent de l'enfant. Ce pourrait être une raison pour s'aimer, mais aussi – en toute logique – pour se jalouser. Ils sont rivaux par rapport à cette personne, surtout si les relations sont passionnelles.

Les enfants se sentent fragilisés par la rupture de leurs parents. Ils se disent que si leur mère a quitté leur père (ou si leur père a quitté leur mère), elle (il) peut les abandonner eux aussi. Ainsi, le parent doit prouver à ses enfants qu'il les aime toujours et qu'il ne les abandonnera jamais.

Les enfants, en quête de telles preuves, vont dès lors mettre à l'épreuve l'amour de leurs parents. « Est-ce que ma mère m'aime plus que son nouveau compagnon ? » « Est-ce que mon père m'aime plus que sa nouvelle amie ? » Ces questions préoccupent les enfants, et ils vont souvent chercher à mettre leur parent qui recompose un couple dans la situation d'avoir à choisir entre eux et sa nouvelle compagne (son nouveau compagnon).

Le père doit alors intervenir pour leur prouver qu'il les aime toujours autant et qu'ils n'ont pas perdu leur place dans son cœur. C'est à lui d'aller vers eux et de provoquer les occasions de dialogue. Il doit donner à ses enfants le sentiment qu'il les comprend, qu'il est conscient de leurs difficultés et qu'il est à leur écoute. On peut aussi rassurer l'enfant en lui disant que le beau-parent ne remplacera pas son autre parent. Il faut le lui répéter : le beau-parent et lui ne sont pas obligés de s'aimer. La politesse et la courtoisie suffisent.

Si vous vous opposez encore de manière virulente avec votre ancien(ne) conjoint(e), vous devez expliquer à l'enfant que vous savez bien qu'il ne veut pas trahir son autre parent et que personne ne lui demande de l'oublier. Tout le monde sait qu'il est loyal envers le parent extérieur, et on ne lui demande pas de ne pas l'être. Si un conflit persiste entre ses parents, ce n'est pas son affaire, mais celle de ses parents.

Enfin, vous pouvez donner à votre enfant un sentiment de sécurité en lui expliquant que vous êtes heureux avec votre compagnon ou votre compagne actuel(le). Les enfants sont très sensibles au bonheur de leurs parents et à leur intérêt. Il est donc utile d'insister sur le fait que les petites dissensions avec votre conjoint(e) ne changent rien au fait que vous êtes heureuse (heureux) grâce à lui (elle), et que cette recomposition, qui vous permet de vivre avec tous ceux que vous aimez, vous apporte beaucoup de bonheur.

8. Poser un cadre à l'enfant pour qu'il respecte des règles de comportement à l'égard du beau-parent

Le couple recomposé par l'un de ses parents est une donnée qui ne dépend pas de l'enfant. Toutefois, cela ne le dispense pas de respecter les règles élémentaires de bonne conduite. Il a le droit de ne pas aimer sa belle-mère ou son beau-père, mais il n'a pas le droit d'être insolent ou sans-gêne. Il est chez lui, mais son beau-parent aussi, et c'est un adulte. Si donc le beau-parent attache de l'importance au rangement, c'est son droit, et il faudra que l'enfant range. S'il y a un problème, il faut en parler.

Familles recomposées : un défi à gagner

Définir un code de conduite

Il convient d'établir un code de bonne harmonie en demandant au beau-parent ce qu'il est indispensable à ses yeux que l'enfant respecte pour que la vie commune soit possible.

Pour tel beau-père, ce sera sa voiture. Lancer des cailloux sur la carrosserie, mettre ses chaussures sur la banquette, y laisser tomber des miettes ou y renverser du jus d'orange sont des « crimes » qui vont déclencher exaspération, voire crise ouverte, et appelleront une sanction immédiate. Pour tel autre, les objets sacrés seront sa chaîne Hi-fi et ses CD, ou son matériel de bricolage. L'adolescent qui se permet d'écouter de la musique techno à puissance maximale sur la chaîne du beau-père ou de la déplacer et de fouiller dans ses disques ne sait pas quel ouragan il peut déchaîner !

Pour telle belle-mère, il sera insupportable de retrouver la salle de bains transformée en piscine, de voir des cheveux et de la mousse dans la baignoire et de devoir ramasser par terre le caleçon et les chaussettes sales de son beau-fils, le drap de bain étant en boule dans un coin de sa chambre. Quand il utilise la salle de bains, l'enfant doit apprendre à ramasser ses affaires et à mettre son linge au sale, à rincer la baignoire et à faire sécher sa serviette de toilette.

Le week-end, à quelle heure doit-il être levé et habillé ? Il est particulièrement agaçant pour telle belle-mère de ne pas pouvoir débarrasser la table du petit déjeuner parce qu'à midi son beau-fils de dix-sept ans n'a toujours pas fait son apparition. A-t-il le droit de se servir dans le réfrigérateur dès qu'il a une fringale ? D'inviter des copains qui fument, écoutent de la musique et boivent des bières dans sa chambre jusqu'à 1 heure du matin ? De terminer au goûter les cerises ou les glaces prévues pour le dîner ? De sortir le Coca-Cola et de le laisser débouché avec les verres sales sur la table basse du living ? De monopoliser le téléphone fixe du foyer de 18 heures à 23 heures ? De dépasser son forfait et de laisser des factures astronomiques pour son mobile offert par son père et réglé par le ménage ? C'est au parent recomposant de régler ces questions pour éviter que les tensions ne dégénèrent en conflits et que le beau-parent prenne son bel-enfant en grippe à force d'être exaspéré.

Tenir compte de la susceptibilité de l'enfant

Attention : quand un enfant n'a pas été habitué à ranger sa chambre, à faire son lit, à mettre le couvert et à débarrasser la table, et qu'on le lui demande au moment où son beau-parent arrive, il aura tendance à se prendre pour Cendrillon ! Il est presque impossible que le beau-parent se mêle de refaire l'éducation d'un enfant quand il a passé six ans.

Pour éviter que l'enfant se sente maltraité, demandez-lui ce qui lui semble insurmontable : à vingt-trois ans, certains parlent encore avec dégoût et rancœur du foie de génisse que leur belle-mère leur servait au dîner quand ils avaient huit ans ! D'autres détestent qu'on les oblige à dormir la lumière éteinte, à prendre une douche au lieu d'un bain, à se lever le matin quand ils n'ont pas classe ; ils ne supportent pas que leur belle-mère rentre dans leur chambre et touche à leurs affaires, qu'il n'y ait pas leurs céréales favorites au petit déjeuner, ni de jus de fruits dans le réfrigérateur. On peut donc négocier. Il ne s'agit pas d'accéder à tous leurs souhaits, mais d'expliquer pourquoi on refuse telle ou telle demande, et de faire comprendre que ce qui est possible chez papa ne l'est pas toujours chez maman, et inversement. Les raisons de vos choix peuvent être économiques ou éducatives. L'important est que l'enfant ait le sentiment d'être écouté et compris, et que son parent assume bien les règles posées par le beau-parent. Les enfants peuvent se plaindre en toute légitimité.

Ainsi, il n'est pas normal – sauf en cas de problème de logement – qu'un enfant de dix ans en visite chez son père le week-end n'ait pas un coin à lui et qu'on installe juste un matelas pour le loger dans le living. Ne pourrait-on pas lui aménager un espace permanent avec un clic-clac et un placard où ranger ses affaires, ou en mettant un paravent dans la chambre de son demi-frère (sa demi-sœur) ou de son quasi-frère (sa quasi-sœur) ?

9. Ne pas ignorer les conflits : en parler, expliquer, arbitrer

Cela ne peut qu'être nocif de fuir les problèmes. Il faut parler de ce qui ne va pas d'une part entre conjoints, d'autre part avec l'enfant afin de vider les abcès avant que l'infection ne gagne l'essentiel, c'est-à-dire le désir de vivre ensemble. Le parent recomposant est le pivot de la recomposition : c'est pour lui que ses enfants et son nouveau conjoint vivent sous le même toit. C'est lui le principal responsable de la satisfaction de chacun. Il doit donc rester en première ligne. Faire la politique de l'autruche, la tête cachée dans le sable, ignorer les problèmes le plus longtemps possible est un comportement catastrophique, car rien ne s'arrange tout seul. Les problèmes s'aggravent si on ne les affronte pas.

Si les malentendus se multiplient et qu'il vous devient difficile de discuter en couple sans énervement, vous pouvez éventuellement recourir à un psychologue ou à une thérapie familiale. Pas de lâcheté ! Dans mes enquêtes, c'est le reproche principal fait au père en cas de conflit enfants/belle-mère. Les enfants trouvent que le père ne les défend pas assez devant leur belle-mère.

De même, la belle-mère est ulcérée que le père ne remarque pas le sans-gêne des enfants ni ne se préoccupe de leur imposer des limites et une discipline de vie. Cela a conduit à la rupture du couple de Jeanne et André : Jeanne a vécu six ans avec André qui avait deux garçons de treize et onze ans. D'après elle, l'attitude d'André à l'égard de ses enfants a été pour beaucoup dans l'échec de leur recomposition.

Cendrillon ou le point de vue de l'enfant

Jean-Pierre Winter, dans *Les Familles recomposées et leurs enfants* (Louvain, Académia, 1995), reprend un passage du conte de Perrault, Cendrillon : « Cendrillon n'osait pas se plaindre de ce qu'elle subissait à son père qui l'aurait grondée parce que sa femme le gouvernait entièrement. »
D'après lui, le conte exprime avec une grande justesse le point de vue de l'enfant. Il exprime la pensée de la jeune fille quand elle voit débarquer une belle-mère à laquelle elle ne ressemble pas. Cette belle-mère est une rivale qui exerce sur son père un pouvoir dont elle, Cendrillon, ne dispose pas – le pouvoir de séduction de la femme qui suscite le désir sexuel du père – mais dont elle pressent la menace. Ainsi la fille se retrouve-t-elle privée du soutien de son père. Elle se persuade que, aveuglé par son nouvel amour, le père croira sa femme et non sa fille. Dans l'histoire de Cendrillon, quelles que soient les versions du conte, le père n'intervient pas. Aucun secours ne vient de lui.
Inversement, pour la belle-mère, l'enfant représente ce qui dans une famille classique n'existe pas, la présence continuelle au foyer du passé du conjoint. L'enfant représente le lien d'amour passé de l'homme avec qui elle vit. Il est le témoignage

> d'un désir et donc d'une énigme sur le désir de cet homme. [...]
> Petit à petit s'installe une situation au cours de laquelle le père va être mis dans une situation d'arbitre. Il va lui falloir constamment arbitrer les chamailleries entre sa nouvelle épouse et son enfant. Le père sera amené à faire la loi et sera obligé de choisir ce qui lui paraît le plus fondamental, le lien qu'il a avec sa nouvelle épouse ou le lien qu'il a avec son enfant. « Or, ce qui apparaît terrible pour une femme dans le lien d'un homme à son enfant, c'est que ce lien est indissoluble. » La seule personne sur laquelle Cendrillon va pouvoir compter, c'est sa marraine.

« André ne s'occupait pas beaucoup de ses enfants, d'abord parce que son métier ne lui en laissait pas le loisir, mais surtout parce qu'il n'aimait pas les obliger à quoi que ce soit. Non seulement André ne me cautionnait pas, mais il ne réagissait à rien, ce qui était difficilement supportable. Déjà lors de nos premières vacances, quand on est partis ensemble au ski, le soir, les garçons faisaient le bazar jusqu'à une ou deux heures du matin. André montait râler quand j'insistais, mais ça n'avait aucun effet. À la fin ça fatigue, j'aurais dû comprendre... Un jour, j'ai dit à l'un d'eux de ranger la salle de bains. Il m'a répondu : "J'en ai rien à foutre, tu es chiante !" Je l'ai dit à André, il n'a rien dit. À la longue... »

Jeanne, séparée d'André depuis six mois

Monsieur Duval avait trois enfants de dix-huit, seize et douze ans quand il a divorcé. Il a obtenu la résidence de ses enfants qui sont restés à Paris avec lui pour faire leurs études. Sa femme, qui ne travaille pas, vit dans un petit village de l'Oise. Après un an seul avec ses enfants, il s'est mis en couple avec Annie, mais les enfants ne s'entendent pas avec elle, et les conflits entre la belle-mère et les adolescents se multiplient :

> « Je ne peux pas parler avec mon père qui est complètement renfermé. Mon père ne joue pas son rôle d'homme. Il faut agir à un moment. Il a laissé faire les choses en me demandant de m'excuser. Et on ne parle pas ! Je ne me plains jamais à mon père, ma sœur non plus. Mon père manque de présence… Ma sœur trouve que mon père ne la défend pas, qu'on ne compte pas. Mon père ne prend pas notre défense. Il est beaucoup trop faible avec Annie. La situation n'est pas normale. »
>
> Jérôme, beau-fils d'Annie

Les enfants de monsieur Duval m'ont dit qu'ils ne restent avec leur père que parce qu'ils ne peuvent pas faire autrement pour leurs études, leur mère vivant à la campagne, mais qu'ils partiront dès qu'ils le pourront. Par ailleurs, la plus jeune fille ne va pas bien et présente des symptômes dépressifs qui inquiètent son frère.

Il va sans dire que si un(e) père (mère) qui a recomposé un couple veut changer les modalités de résidence d'un de ses enfants, il est indispensable qu'il en discute au préalable avec cet enfant d'une part, avec sa nouvelle compagne (son nouveau compagnon) de l'autre. Nous traitons de ce point plus loin.

10. Clarifier les questions d'argent avec son nouveau conjoint et avec les enfants adolescents

Conseils au père qui recompose un couple

Les questions de partage des frais sont particulièrement complexes en cas de recomposition familiale (voir p. 112). Il est impératif de les aborder avec précision dans le climat serein et amoureux des débuts, avant de commencer à cohabiter : qui va payer quoi en ce qui concerne les enfants ? Un couple amoureux souhaite tout mettre en commun, mais lorsque les enfants ne sont pas communs, les difficultés se profilent. Ainsi, si vous avez une pension à payer pour vos enfants d'une précédente union, il vaut mieux que ce ne soit pas avec l'argent commun de votre nouveau couple. Il est préférable que votre nouvelle compagne ne s'en mêle pas. La séparation de biens est un régime légal qu'il est prudent de choisir quand on épouse quelqu'un qui a des enfants d'une union antérieure. Il peut être sage également que chacun ait un compte séparé pour financer ce qui a trait à ses enfants, en plus d'un éventuel compte commun pour les dépenses qu'il est équitable de partager.

Par ailleurs, l'un des reproches particulièrement désagréables que les enfants, à partir de l'adolescence, adressent quelquefois à leur belle-mère est qu'elle se fait entretenir par leur père : elle profite d'un niveau de vie qu'il a atteint par son travail. J'ai rencontré des enfants qui allaient jusqu'à accuser leur belle-mère de s'être mise en ménage avec leur père par intérêt. Selon eux, ils étaient en concurrence avec leur belle-mère pour savoir qui devait profiter des revenus du père. Les enfants du père, jeunes adultes, accusaient leur belle-mère de vouloir profiter de la vie à leur détriment, de freiner le financement de leurs études, de les pousser vers la vie active pour ne plus avoir à assurer leur entretien.

Ces enfants oublient que, souvent, la belle-mère, surtout quand elle n'est pas salariée à l'extérieur, accomplit beaucoup de tâches ménagères gratuitement, y compris pour eux, entre l'entretien de leur linge, la cuisine, les courses et le ménage. Il est important de le leur faire remarquer, sinon le travail d'une femme au foyer passe complètement inaperçu. Et une belle-mère n'est pas une domestique ! Aujourd'hui il est intolérable que quiconque soit traité de la sorte, qu'il s'agisse d'une mère, d'une belle-mère ou d'une employée de maison. Les enfants, et le père, ont leur part à prendre en ce qui concerne le travail ménager.

Il est indispensable d'en débattre franchement au début de la recomposition car ces questions matérielles sont l'occasion de fréquents malentendus.

Conseils à la mère qui recompose un couple

Quand tel est le cas, il est important d'expliquer aux enfants que leur beau-père contribue généreusement au budget de la famille. Ils doivent comprendre qu'il pourrait dépenser davantage pour son propre compte s'il ne consacrait une partie de ses revenus à leur bien-être. Ce n'est pas un dû ; c'est un don qu'il leur fait et pour lequel il est normal qu'ils lui témoignent une certaine reconnaissance.

DIX CONSEILS AU BEAU-PARENT

1. Ne pas se prendre pour le parent

Vous n'avez pas à vous substituer au parent extérieur si celui-ci est engagé auprès de ses enfants. Ce n'est que dans certains cas – peu fréquents heureusement – qu'un bel-enfant a un besoin affectif à combler. Si la recomposition fait suite à un veuvage, situation rare aujourd'hui, et si l'un de ses parents s'efface de sa vie, situation plus courante, alors seulement le beau-parent a un rôle de substitution à jouer.

En revanche, et même s'ils ont des reproches à leur faire, la majorité des jeunes rencontrés dans le cadre de mon enquête déclarent : « Mon père, c'est mon père », « Ma mère, c'est ma mère ». Ils expriment ainsi la priorité que conserve malgré tout le parent généalogique dans notre société. De là provient toute la difficulté du rôle de beau-parent : s'engager affectivement semble naturel, mais il faut se souvenir que les enfants réservent la première place à leurs parents d'origine. Pourtant, certains beaux-parents, qui ont connu leurs beaux-enfants très jeunes, ont montré une grande affection pour eux et ont reçu une même affection en retour.

Respecter la place généalogique du parent

Il ne s'agit pas ici de biologie. Le parent biologique n'a pas à être considéré comme « le vrai parent » : biologique ou pas (dans les cas d'adoption et de procréation médicalement assistée), le parent généalogique – celui dont on porte le nom et dont les parents sont nos grands-parents – revêt une importance considérable dans notre société rétive à la pluri-parentalité. Dans certaines sociétés, il est possible d'avoir plusieurs mères : celle qui a accouché, celle qui a allaité l'enfant, celle qui l'a élevé ; il est également possible d'avoir plusieurs pères. En Europe occidentale, il y a unicité en ce qui concerne la maternité et la paternité. C'est une difficulté pour les familles recomposées comme pour les familles adoptantes quand doit être gommée la filiation antérieure.

Respecter la place du parent signifie donc lui laisser ses prérogatives, qui sont définies par la loi : l'autorité parentale réserve au parent le choix pour ce qui est de la scolarité, de l'éducation religieuse, des loisirs, de la santé de l'enfant. Dans ces conditions, le rôle du beau-parent doit se limiter à aider son conjoint à assumer son autorité parentale quand cela est nécessaire, autrement dit à suppléer à certaines de ses impossibilités ou carences.

L'une des belles-mères rencontrées pendant mon enquête a été accusée par une assistante sociale de vouloir prendre la place de la mère. Il lui était reproché d'une part de trop s'occuper de la santé et de l'éducation de sa belle-fille, d'autre part d'accuser sa mère de négligence. Je ne savais pas, quant à moi, qui avait raison et qui avait tort, mais ce cas montre combien il est délicat pour une belle-mère de participer à l'éducation de son bel-enfant quand elle n'est pas cautionnée par les deux parents.

Il est également délicat pour un beau-parent d'adopter son bel-enfant, même pour des raisons fiscales de succession et selon le principe de l'adoption simple. Il ne s'agit jamais d'une démarche anodine, et cela risque de blesser le parent extérieur.

La place générationnelle du beau-parent

Les psychologues insistent beaucoup sur cet aspect. Quand il y a peu de différence d'âge entre enfant et beau-parent (le cas se présente plus avec les pères qu'avec les mères, car les hommes sont plus nombreux à recomposer un couple avec un partenaire nettement plus jeune qu'eux), les choses sont encore plus délicates. Une fille ou un fils qui devient adulte se sent déjà gêné devant le partenaire sexuel de son parent. Quand le beau-parent a presque son âge, les réactions d'hostilité et de jalousie peuvent être encore plus fortes, même si elles sont cachées.

Même si la différence d'âge est faible, le beau-parent, parce qu'il est le partenaire du parent, a le statut d'adulte. Une belle-mère et une belle-fille qui ont presque le même âge peuvent avoir des goûts ou des intérêts communs. La belle-mère appartiendra pourtant à la génération du parent, du moins symboliquement, et jusqu'à ce que l'enfant soit lui-même pleinement adulte. Dès lors, peut-être pourra-t-elle devenir une confidente de l'enfant, mais en aucun cas une amie, encore moins une complice.

Enfin, n'oubliez jamais que l'enfant de votre conjoint, même s'il est majeur et consentant, ne pourra devenir un partenaire sexuel qu'au prix de la transgression des interdits fondant la famille dans toutes les sociétés. Il convient d'avoir dans tous les cas une attitude sans ambiguïté et que chacun respecte l'intimité de l'autre. (Voir « Familles recomposées et sexualité », p. 118).

2. Préciser vos rôle et place avec votre conjoint(e)

Il faut insister auprès de votre conjoint(e) pour que votre rôle et votre place soient clairement définis, et qu'il (elle) explique à son enfant quels sont vos droits et vos devoirs envers lui. Vous pouvez être amené(e) à vous occuper de lui pour aider votre conjoint(e) : il faut que l'enfant le comprenne.

La belle-mère n'est pas une « mère *bis* ». On ne peut pas lui demander de traiter son bel-enfant comme s'il était son enfant. Il est normal qu'elle ait plus de moments d'intimité et qu'elle soit plus tendre avec ses enfants qu'avec ses beaux-enfants. Le père ne doit donc pas s'en formaliser, et ses beaux-enfants ne doivent pas lui en vouloir.

Le beau-père n'est pas un père *bis*. Il n'est pas tenu d'aimer l'enfant ni de remplacer son père.

Reste que le beau-parent est un adulte. À ce titre, il doit être bienveillant à l'égard de l'enfant, éviter de le critiquer et de critiquer son autre parent. Il doit surtout respecter le besoin qu'a l'enfant de garder des contacts personnels réguliers avec son parent.

L'enfant n'est pas obligé d'aimer son beau-parent. Cependant, il a des devoirs envers lui, qui ne sont pas les mêmes qu'envers un parent. Nous l'avons vu plus haut et nous y reviendrons.

3. Si vous n'êtes pas cautionné comme éducateur, renoncez à faire preuve d'autorité envers votre bel-enfant

Vous êtes adulte et vous jugez que vous devez avoir une certaine autorité sur des enfants. Vous êtes chez vous et, à ce titre, vous êtes en droit de poser certaines règles. Mais si vous n'êtes pas cautionné par ses parents, votre autorité ne sera jamais considérée comme légitime par l'enfant. Vous devez être cautionné par les deux parents avant de penser exercer la moindre autorité.

Quand vous vous êtes installé(e) avec votre conjoint(e), si son enfant avait plus de six ans, vous ne pouvez pas refaire son éducation, sauf dans le cas particulier (voir « L'autorité du beau-parent », p. 84) où vous êtes cautionné(e) et soutenu(e) par les parents dans tout ce que vous faites et dites. Trop souvent, le caractère autoritaire du beau-père le rend insupportable aux yeux de ses beaux-enfants qui ne considèrent pas son autorité comme légitime.

S'il n'est pas possible que les parents vous cautionnent, ne cherchez pas à vous mêler de l'éducation de votre bel-enfant et séparez bien les domaines : vous ne rentrez pas dans sa chambre, il ne rentre pas dans la vôtre ; il se sert du téléphone, de la télévision, de la chaîne, de l'ordinateur, de la salle de bains, mais à certaines heures et selon certaines règles fixées avec son parent ou, mieux, par son parent. Et il range ce qu'il dérange dans les espaces communs. Le reste ne vous regarde pas.

N'intervenez pas dans les conflits éventuels entre lui et son parent sauf pour détendre l'atmosphère avec un peu d'humour ou si votre conjoint(e) vous le demande explicitement. Cela peut être le cas avec un enfant jeune qui a besoin d'être physiquement contenu. Vous pouvez aussi intervenir au nom de votre lien avec votre conjoint(e). Un homme ne peut pas accepter que quelqu'un insulte sa femme ou la traite avec mépris. Il doit la protéger.

L'autorité parentale

Le droit de l'autorité parentale est clair : en France, le tiers vivant avec l'un des parents ne dispose d'aucun des attributs de l'autorité parentale. Le mariage du beau-parent avec le parent de l'enfant ne change rien à la situation.
Seuls les parents exerçant l'autorité parentale ont le pouvoir de surveiller un enfant. Le beau-parent est privé de tout droit sur l'enfant. En agissant de la sorte, le législateur a voulu protéger les prérogatives du parent extérieur.

L'enfant adolescent insolent avec sa mère sera peut-être ulcéré sur le moment si son beau-père le reprend, mais une fois calmé, il comprendra que celui-ci a eu raison et il s'excusera. Le beau-père pourra dire à l'adolescent qu'il peut – à la rigueur – tolérer une insolence à son égard mais pas à l'égard de sa mère, parce que c'est sa femme et qu'il l'aime.

Il gagnera son respect et, finalement, le jeune lui en sera reconnaissant.

4. Chercher à faire connaissance directement avec l'enfant hors de la présence de son parent

Cela vous permettra de trouver des points communs avec l'enfant, des activités à partager. C'est un bon moyen pour qu'une sympathie se développe entre vous. Vous êtes jaloux l'un de l'autre, c'est normal. L'absence du parent, source de cette jalousie, va permettre que se créent des liens dépassionnés. Expliquez à l'enfant que, vous aussi, cela vous fait tout drôle de recomposer une famille, que vous comprenez que ce soit difficile pour lui, et que c'est également difficile pour vous. Essayez de vous ménager l'un l'autre et de faire connaissance petit à petit, sans brusquer les choses. Faites sentir à l'enfant votre bienveillance à son égard : vous voulez pouvoir avoir confiance l'un en l'autre ; et dites-lui que vous avez besoin de son aide pour que la vie à la maison soit agréable pour tout le monde.

S'il y a des choses que vous ne supportez pas, essayez de le lui dire clairement et directement. Par exemple, si vous ne supportez pas que l'enfant vienne le dimanche matin retrouver sa mère dans le lit conjugal, expliquez-lui que vous avez besoin d'avoir sa maman un peu pour vous ; en échange elle peut rester un peu longtemps avec lui pour le câlin du soir. Il est bon que l'enfant vous dise lui aussi clairement si quelque chose ne va pas.

Réfléchissez à une activité que vous aimez et à laquelle vous pourriez initier un enfant : le jardinage, la pêche, le cinéma, la photo, la clarinette, la bicyclette, etc. Parlez-lui-en et demandez-lui si cela l'intéresserait de pratiquer cette activité avec vous. S'il refuse, dites-lui que, si un jour il change d'avis, vous serez toujours d'accord pour l'emmener. Demandez-lui ce qu'il aimerait faire avec vous, quels sont ses intérêts, ceux de ses amis.

Si vous êtes une belle-mère qui accueille ses beaux-enfants le week-end, votre rôle va être difficile : il s'agit de leur faire une place chez vous alors que ce ne sont pas toujours des invités polis et reconnaissants. En effet, ces enfants, qui ont vécu la dure épreuve de la séparation de leurs parents, risquent d'estimer que vous avez volé leur père. Leur souffrance peut être accrue si votre compagnon vit avec vos propres enfants, qu'il s'en occupe et s'entend bien avec eux. Dans ce cas, vos beaux-enfants peuvent avoir l'impression que leur père les a trahis et abandonnés, et penser qu'il s'occupe désormais plus de vos enfants que d'eux.

Vous pouvez leur ménager un espace, un territoire où ils seront tranquilles. S'ils ne peuvent avoir une chambre à eux (n'occuper une chambre qu'un week-end sur deux est un luxe), essayez de leur réserver un lit, un placard pour leurs affaires, un mur à décorer que personne d'autre ne touchera. Vous pouvez leur en parler directement et leur demander ce qu'ils souhaitent pour aménager leur espace.

5. Ne jamais dire du mal du parent extérieur ou de votre conjoint(e) devant l'enfant

L'enfant ne vous pardonnera pas de vous entendre dire du mal de sa mère ou de son père. Vous ne devez en aucun cas exprimer votre opinion à ce sujet devant lui, même s'il peut penser que vous avez raison et que son parent est dans son tort. En effet, plus vous direz du mal de son parent, plus vous renforcerez la loyauté de l'enfant à l'égard de ce parent et moins vous serez crédible à ses yeux.

Si le parent en question est un individu dangereux, ce qui est possible, il faudra que l'enfant s'en aperçoive lui-même, ou que d'autres lui ouvrent les yeux. « Ma belle-mère sait qu'elle n'a pas à critiquer ma mère devant nous », nous ont dit de nombreux jeunes. Il est également déconseillé de le faire sur le ton de la plaisanterie et à propos de sujets qui semblent anodins :

> « J'étais furieuse contre ma belle-mère parce qu'elle essayait de critiquer ma mère. Elle nous disait : "Je suis sûre qu'elle ne vous fait pas de bons petits plats comme moi" ; comme si ma mère ne faisait pas bien la cuisine ! »
>
> Christine, dix-sept ans

6. Rapprocher l'enfant de son parent, apaiser les conflits dans sa famille

Par rapport à l'enfant

Le beau-parent aura le beau rôle s'il arrive à jouer à contre-emploi, c'est-à-dire à avoir une réaction inverse de celle à laquelle on s'attend : une belle-mère gagnera l'affection et l'estime de sa belle-fille en suggérant au père d'être plus indulgent avec elle, celle de son beau-fils en lui montrant combien son père l'aime ou en faisant un geste à l'égard de sa mère. Aude raconte ainsi qu'après avoir connu une première belle-mère jalouse et méchante, elle a beaucoup apprécié sa seconde belle-mère, Ghislaine :

> « C'est elle qui a tout fait pour me rapprocher de mon père. Sans elle, je n'y serais plus allée. Mon père me disait : "Mets tes mains sur la table." Elle lui disait : "Laisse-la vivre." Quand on allait faire des courses, elle me parlait. Elle m'a rapprochée de mon père. Elle a pris

ma main, celle de mon père, et a mis la mienne dans celle de mon père. Pour Noël ma mère était toute seule. C'était après sa séparation d'avec José, mon premier beau-père. Ghislaine a téléphoné à ma mère pour la faire inviter dans sa famille à elle. Elle la voit de temps en temps ; elles bavardent beaucoup au téléphone toutes les deux. Ma mère aime bien Ghislaine ; elle a été au mariage de mon père. »

Aude, belle-fille de Ghislaine

Tempérer les exigences d'un parent sévère, écouter chacun pour expliquer la position de l'autre, rappeler à l'un comment faire plaisir à l'autre, c'est un rôle que les mères jouent souvent dans les familles. Quand il y a eu séparation, la belle-mère peut devenir une médiatrice entre le père et les enfants, être celle qui « arrondit les angles ». Quand les sentiments passent difficilement entre un enfant adolescent et son père, la belle-mère peut les rapprocher, se posant à contre-emploi de la marâtre :

« Ma belle-mère a été la médiatrice entre mon père et moi. Un jour, elle m'a dit : "J'ai vu ton père pleurer parce que tu lui manques." Cela a été une découverte, une révélation. Elle a contribué à lever les malentendus. Elle me dit : "Tu peux voir ton père seul à seul", mais je n'ai pas envie de le voir tout seul. Il ne savait rien de ce que je vivais. Je lui en ai voulu. Je parlais à Françoise qui me renseignait sur mon père. Je me confiais à elle. Je savais qu'elle ne lui en parlerait pas. »

Claire, belle-fille de Françoise, dont les parents se sont
séparés quand elle avait neuf ans

Cette stratégie généreuse a permis à Françoise d'instaurer une relation directe et authentique avec sa belle-fille.

Par rapport à votre conjoint(e)

En cas de conflit entre votre conjoint(e) et ses enfants, il est prudent que vous restiez à l'écart, sauf pour jouer un rôle de médiateur.

Par rapport au parent extérieur

Le beau-parent a tout intérêt à établir au minimum une relation avec le parent extérieur. Si les conflits liés au divorce persistent entre les parents, il sera dans son intérêt de jouer un rôle d'apaisement. En cas de griefs brûlants à l'égard de son ex-époux, une mère préférera régler les questions pratiques avec la belle-mère plutôt qu'avec le père, du moins si la belle-mère n'est pas impliquée dans la séparation. Si une belle-mère bénéficie de la confiance de la mère, c'est un point positif pour sa relation avec son bel-enfant. Aussi, si l'atmosphère n'est pas trop tendue, la belle-mère peut chercher à obtenir la confiance de la mère en lui montrant qu'elle ne met pas en question sa prééminence. Elle peut, par exemple, l'appeler au téléphone pour lui demander un conseil (quel cadeau peut-elle offrir à l'enfant pour Noël ?) ou un appui (peut-elle demander à l'enfant de faire son travail scolaire avant de regarder la télévision quand il est chez son père ?). La mère peut être flattée d'être ainsi consultée et de voir sa compétence parentale reconnue.

Il ne faut pas oublier que l'hostilité d'une mère est en général due à la peur d'être remplacée auprès de son enfant comme elle l'a été auprès de son ex-mari. Il faut donc la rassurer.

Si la belle-mère ne cherche pas à se substituer à la mère, si elle accepte un rôle de second plan et laisse le premier rôle à la mère, celle-ci sera rassurée : son agressivité s'effacera, du moins si l'homme n'est pas l'enjeu de la rivalité, si elle a accepté la séparation et si la belle-mère n'en a pas été l'instigatrice.

7. Encourager les moments de tête-à-tête du parent et de ses enfants

Ce que les enfants craignent le plus au moment de la recomposition, c'est de perdre leur intimité avec leur parent. Or la séparation des parents a un avantage pour certains enfants : elle leur permet de découvrir leur père. Jusque-là, ils le voyaient peu en tête à tête, car c'était surtout leur mère qui s'occupait d'eux ; ils ne voyaient leur père qu'avec leur mère. Avec la séparation, cette situation change. Les enfants apprécient beaucoup d'avoir leur père pour eux seuls.

Malgré l'envie que vous pouvez ressentir d'être le plus souvent possible avec celui ou celle que vous aimez, il peut être salutaire d'instituer des moments réguliers où le parent se retrouve seul avec ses enfants. Cela est d'autant plus nécessaire que ce parent est pris par sa vie professionnelle et qu'il a peu d'occasions de voir ses enfants.

> Alain a la résidence alternée de ses deux garçons. Ils ne sont pas faciles, et la seconde femme d'Alain les trouve souvent pénibles. Elle redoute les vacances avec eux, car les garçons se disputent et se battent fréquemment. Elle pousse leur père à les prendre seuls en camping une semaine. Ce dernier n'en a pas très envie, mais il finit par organiser un petit voyage qui se révèle salutaire pour ses relations avec ses fils, et finalement pour l'ensemble des relations familiales.

8. Ne jamais adresser de critiques ou de reproches directs à vos beaux-enfants. Saisir les occasions de les complimenter

Il faut renoncer à faire des reproches directs à vos beaux-enfants. En effet, les enfants sont facilement blessés par les critiques des adultes à l'encontre de leur personne. À vingt et un ans, Juliette pleure encore en évoquant les remarques de sa belle-mère :

> « Elle s'arrangeait pour me dire des choses très blessantes. Elle me complexait sur mon physique : "Tu t'es vue, tu n'es pas belle." Elle me dépréciait toujours, même mes succès scolaires. Cela arrivait souvent qu'elle gâche nos week-ends à la campagne. On aidait beaucoup, et elle disait : "Tu fous rien", ou "Regarde comme c'est mal fait." J'étais toujours en faute. Elle nous emmerdait sur le paraître, la façon dont on était habillés, ça me fait encore des nœuds dans le ventre, l'image que les autres ont de moi. On était vraiment au bas de la hiérarchie. Il n'y avait que son fils qui savait se tenir à table, qui faisait les choses bien. Elle se moquait de mon frère. »
>
> Juliette, belle-fille d'Alexia

Même si les critiques vous semblent anodines ou, au contraire, pleinement justifiées et énoncées pour le bien de l'enfant, elles seront généralement très mal prises. Vous n'avez pas la légitimité requise pour les faire. Les enfants ne sont pas assez sûrs de votre bienveillance et de votre affection pour croire que vous n'agissez pas par méchanceté et que votre but n'est pas de les humilier ou de les rabaisser. Si donc ils méconnaissent la douche et le shampooing, s'ils s'habillent avec un goût douteux, s'ils lisent des bandes dessinées stupides ou écoutent toute la journée une musique assourdissante, prenez sur vous. Cela ne signifie pas pour autant qu'il vous est interdit de leur faire des remarques si leur comportement est trop gênant pour vous (la musique tonitruante fait mal à la tête). Cependant, vous ferez alors porter vos critiques sur leur comportement, jamais sur leurs personnes ni sur leurs goûts.

Les psychologues conseillent d'éviter les reproches du genre : « tu es vraiment mal habillé(e) », « tu es flemmard(e) », « tu es sans-gêne », « ton tee-shirt est vulgaire », « ta tenue est ridicule », « tu te bourres de crèmes glacées et de sodas, tu vas être obèse », « ta chambre est un souk immonde », etc. Mieux vaut, selon eux, faire passer le message en employant la première personne : « Je suis en colère parce que c'est moi qui ai dû nettoyer la salle de bains après ton passage. » « Je suis déçu(e) que tu aies oublié de rapporter le pain comme je te l'avais demandé. » « Je suis fatigué(e), et en rentrant du travail j'espérais écouter de la musique mais je n'entendais rien parce que tu avais mis ta chaîne à fond. » La nuance vient de ce que, dans le premier cas, vous dépréciez l'enfant en tant que personne, alors que dans le second vous acceptez de montrer vos difficultés et vos faiblesses. Ce dernier procédé est moins agressif pour lui.

La situation est encore plus délicate quand le beau-parent a un enfant de son côté, enfant dont il vante les succès et les qualités tandis qu'il dévalorise ses beaux-enfants. Lors de mon enquête, beaucoup de beaux-enfants s'en sont plaints.

> « Il y a différence de traitement. Ma belle-mère se vante de ses filles, en parle beaucoup, nous dévalorise. Quand mon père et elle sont avec des amis, on n'entend parler que d'elle et de sa famille. Elle fait des remarques, surtout à ma sœur, sur son travail scolaire, sur sa façon de s'habiller, parce qu'elle s'habille en noir ou met des Doc

Martens. Elle et ses filles se permettent des réflexions bêtes et méchantes sur nos études. Elle se permet des réflexions que je ne supporte pas, des réflexions qui m'ont fait souffrir. Moi aussi alors je suis insolent. »

Gilles, vingt-deux ans

Les enfants dont le père est en même temps beau-père soulignent eux aussi cette attitude. Fabian observe la partialité de son père, indulgent avec ses enfants mais pas avec sa belle-fille, Noémie :

« Cela fait trois ou quatre ans qu'il se plaint de Noémie, qui est assez narcissique, qui ne travaille pas beaucoup et qui sort souvent. Il trouve que c'est une glandeuse, il la dévalorise. Elle non plus, elle ne l'aime pas trop. Il est donneur de leçons, n'arrête pas de la reprendre alors qu'il est beaucoup plus indulgent avec nous quand on est seuls avec lui. Quand les enfants de Mary sont là, il ne rate rien. »

Fabian, quasi-frère de Noémie

On peut d'ailleurs ajouter que de nombreux parents supportent mal les critiques et les reproches que leur conjoint(e) fait à leurs enfants. Si certains sont parfois lucides quant aux défauts de leurs enfants, ils ne tolèrent pas pour autant qu'un autre les critique. Si vous voulez tendre l'atmosphère et mettre en péril votre couple, critiquez ses enfants devant votre conjoint(e) !

En revanche, les compliments peuvent avoir un effet quasi miraculeux. Abusez-en auprès de vos beaux-enfants. Soyez à l'affût du moindre compliment à faire : une coiffure qui va bien, une note satisfaisante à l'école, une nouvelle paire de baskets, des buts marqués au match de football, le couvert mis correctement. N'hésitez pas devant ce qui pourrait vous sembler de la flatterie ; extasiez-vous pendant plusieurs minutes et revenez-y devant son parent. Même si vous n'avez pas habitué vos propres enfants à être élevés de la sorte, pensez que celui à qui on fait un compliment y croit toujours un peu. En conséquence, il va changer d'opinion à votre sujet et essayer d'en mériter d'autres.

N'oubliez pas de faire des compliments à votre conjoint(e) sur ses enfants. Dites-lui le plus souvent possible combien ils sont beaux, intelligents, généreux, même si votre vraie pensée est plus nuancée. Si son garçon redouble une classe pour la seconde fois, dites-lui que le système scolaire français serait à revoir. Si sa fille ne pense qu'à sortir avec ses copains, dites-lui que c'est une heureuse nature, et qu'il vaut mieux être comme elle, gaie et sociable, que timide et renfermée. Dites-lui surtout qu'il (elle) est un bon père (une bonne mère), et qu'il (elle) a une relation formidable avec ses enfants. Il est tellement difficile d'être parent aujourd'hui et il y a tant d'occasions de se culpabiliser qu'il (elle) vous en sera grandement reconnaissant(e). Dites-le devant les enfants eux-mêmes : ils penseront que, tout compte fait, vous gagnez à être connu(e) !

9. Demander à emménager dans un nouveau domicile

Dans un nouveau domicile, vous n'apparaîtrez pas aux yeux de l'enfant comme un intrus qui a pris la place de son parent. Inversement, l'enfant se sentira plus chez lui que s'il emménageait chez vous – dans ce cas, c'est vous qui vous sentiriez envahi(e). Un nouveau cadre permet de bien démarrer, de poser de nouvelles règles et de changer les habitudes plus facilement. Si une belle-mère arrive dans l'appartement où vivait la mère, elle se sentira mal à l'aise dans un cadre aménagé par une autre. Et si elle fait disparaître le pêle-mêle de photos de la famille qui trônait sur la cheminée et où étaient immortalisés les moments heureux entre les enfants et leurs deux parents, elle suscitera l'indignation et la révolte de ses beaux-enfants : « Où as-tu mis notre panneau de photos ? » Chaque fois qu'elle déplacera un meuble ou jettera un objet, elle risquera un incident diplomatique, si bien qu'elle vivra dans un dilemme permanent : habiter dans un environnement qui ne lui plaît pas ou faire de la peine à ses beaux-enfants et susciter leur rancœur.

Un beau-père peut lui aussi éprouver de la jalousie ou simplement de la gêne si la mère et ses enfants conservent pieusement une décoration datant d'avant le divorce.

> Béatrice et son premier mari ont vécu quinze ans en Afrique de l'Ouest. Ils y ont élevé leurs deux filles puis sont rentrés en France où ils ont divorcé peu après leur retour. Le nouveau compagnon de Béatrice, Jean-François, a mal supporté l'attachement de sa compagne et de ses enfants à cette période et à tout ce qui venait de là-bas – tissus sur le mur, peintures sur verre, masques, poteries et vanneries. Il se sentait exclu par ces objets qui évoquaient un passé dont il ne faisait pas partie et des souvenirs qu'il ne partageait pas.

Certaines belles-mères n'hésitent pas et balaient systématiquement toute trace de l'ancienne femme, quitte à ce que leurs beaux-enfants ne se sentent plus chez eux. Sans être aussi radical(e), vous pouvez proposer aux enfants de garder dans leur chambre les souvenirs et les photos de leur père (mère) et de leur vie « d'avant ». En ce qui vous concerne, vous ne serez pas obligé(e) de les avoir toujours sous les yeux ; quant à eux, ils cultiveront leur nostalgie mais ne pourront pas vous reprocher d'avoir cherché à effacer leur passé.

Par ailleurs, dans un nouveau domicile, on peut redistribuer les chambres. Il est plus facile de demander à un enfant de partager sa chambre avec un quasi-frère qui vient le week-end si l'emménagement permet de gagner quelques mètres carrés et d'avoir une chambre un peu plus grande.

10. Se faire aider si la communication devient trop difficile. Consulter un thérapeute familial

En cas de tensions, demandez à votre conjoint(e) d'en parler pour exprimer clairement ce que lui (elle) et vous ressentez, puis organisez une réunion de famille avec enfants et beaux-enfants lors de laquelle vous tiendrez tous deux un langage commun.

Si la relation entre vous et votre bel-enfant entraîne des tensions dans votre couple que vous ne parvenez pas à résoudre entre vous et si vous sentez que la situation s'aggrave, il peut être utile de consulter un thérapeute familial avant que ces conflits dérapent et mettent votre couple en danger. Il est toujours utile qu'un tiers vous aide à prendre du recul sur votre situation et à mieux comprendre le point de vue de l'autre.

Ajoutons que les enfants ne vous pardonneront pas si vous vous disputez souvent avec leur parent. Si vous recomposez un couple, c'est que vous aimez votre nouveau (nouvelle) conjoint(e), mais il existe des relations passionnelles se traduisant par des disputes amoureuses vives, des reproches, des cris et des larmes. Les enfants ont beaucoup de mal à les comprendre. Vos beaux-enfants veulent le bonheur de leur parent. S'ils ont l'impression que vous le rendez malheureux, ils vous le feront payer.

Si la famille recomposée se décompose

Nous l'avons vu : les couples qui ont des enfants d'une union antérieure sont un peu plus fragiles que les autres. Il est plus difficile de réussir une recomposition quand, aux difficultés banales qui font échouer tant de couples, s'ajoutent celles inhérentes à la présence d'enfants issus d'unions précédentes.

S'il y a un « enfant de la recomposition »

Si l'enfant du couple recomposé avait des demi-frères et des demi-sœurs des deux côtés, qu'il vive avec son père ou avec sa mère, il sera séparé non seulement de l'un de ses parents mais aussi de certains d'entre eux – souvent les enfants de son père, qui vont vivre avec leur mère, sa première belle-mère à lui. Si son père voit peu ses enfants de son union antérieure, qui sont ses demi-frères et demi-sœurs, lui-même les verra encore moins. Ensuite, il faudra qu'il s'adapte à une nouvelle belle-mère, voire à d'autres quasi-frères (quasi-sœurs) et demi-frères (demi-sœurs). L'enfant « de la recomposition » est donc le grand perdant de la nouvelle séparation.

Pour certains enfants qui sont à l'âge de l'adolescence, l'effort à faire pour retisser de nouveaux liens familiaux semble trop difficile. Échaudés par les ruptures antérieures, ils n'ont plus envie de s'engager de nouveau.

> Manuel a eu trois filles de sa première femme, un fils dont il a obtenu la garde – Guillaume – de sa deuxième

femme, et deux enfants – Julie et Paul – de sa troisième femme. Il a quitté cette dernière pour une quatrième femme quand Guillaume avait seize ans, Julie dix ans et Paul huit ans. Guillaume, qui avait vécu la séparation de sa première famille recomposée, puis s'était habitué à sa première belle-mère et avait beaucoup d'affection pour Julie et Paul, est alors retourné vivre avec sa mère. Il a été attristé de ne plus vivre avec ses demi-frère et demi-sœur chez son père, où il n'a pas eu envie de s'adapter à une seconde belle-mère et à son fils.

En réalité, les dommages touchent non seulement l'enfant du nouveau couple mais tous les membres de la recomposition familiale qui s'étaient investis affectivement en dehors de leur lignée. En effet, avec la séparation, le lien généalogique reprend le dessus.

Que devient le lien beau-parent bel-enfant ?

Le beau-parent, même s'il s'était beaucoup investi affectivement, risque de perdre ses liens avec ses beaux-enfants.

Un lien rarement maintenu...

Le lien créé avec un bel-enfant est souvent fragile, et il ne faut pas se faire d'illusions. En cas de rupture du couple recomposé, les beaux-enfants revoient rarement leur beau-parent, soit parce qu'ils sont trop jeunes, soit parce qu'ils ne veulent pas contrarier leur parent, soit parce que leur beau-parent leur a toujours été indifférent.

De nombreux enfants prennent le parti de leur parent. Même s'ils jugent que celui-ci a des torts dans la rupture, ils n'éprouvent pas le besoin de reprendre contact avec leur beau-parent, surtout si leur parent leur en dit du mal ou a souffert d'une séparation conflictuelle. Le beau-parent hésite à demander à un juge de lui accorder un droit de visite. La chose est possible, mais la loi précise que c'est l'enfant – et non l'adulte – qui a droit à la continuité des liens.

Lorsqu'une recomposition échoue et se solde par une séparation, les choses ne redeviennent pas ce qu'elles étaient auparavant. Il n'y a pas retour à la case « départ » : des demi-frères et demi-sœurs sont encore séparés, des « beaux-grands-parents » ne voient plus des enfants à qui ils avaient donné leur affection, et réciproquement, des quasi-frères et quasi-sœurs, parfois liés depuis des années, n'ont plus l'occasion de se voir.

... *sauf cas particulier*

Il arrive que des beaux-enfants cherchent à maintenir le contact avec leur beau-parent, notamment quand les parents sont soucieux que leurs enfants ne vivent pas une nouvelle rupture trop brutale. C'est aussi le cas quand un lien très fort unit le beau-parent a l'enfant qu'il a élevé, se substituant au parent. C'est encore le cas si le beau-parent n'a pas fait souffrir le parent et/ou si le conflit entre le parent et le beau-parent n'a pas été trop violent, et/ou si le beau-parent est parent d'un(e) demi-frère (sœur), enfant de la recomposition.

> Colette a joué un rôle maternel auprès des deux filles de son mari. En effet, quand il a quitté sa première femme, celle-ci est partie en Inde, lui laissant les deux filles.
> Ses deux belles-filles aiment beaucoup Colette, et quand leur père l'a quittée après dix ans de vie commune au moment où elle allait mettre au monde la petite fille du couple, les deux filles aînées en ont voulu à leur père et ont soutenu leur belle-mère. Une autre personne a beaucoup soutenu Colette : la mère de son mari, grand-mère des

enfants, qui s'est toujours beaucoup occupée de ses petites-filles. Bien que réticente au début quand son fils a quitté sa première femme, elle a trouvé Colette digne d'estime, et elle lui a été reconnaissante de si bien s'occuper de ses petites-filles. Quand son fils a encore changé de femme, elle a décidé qu'elle continuerait à considérer Colette comme sa fille de cœur, et elle a aidé financièrement ses petites-filles à s'installer de façon autonome dans la vie adulte. Quand la grand-mère est devenue impotente, quelques années plus tard, Colette et ses trois petites-filles s'en sont occupées plus que son fils. Pour ses quatre-vingts ans, elles ont organisé une fête pour réunir toute sa famille autour d'elle, et les filles y ont retrouvé leur père.

Le père de Rémi et Julien ne s'est jamais occupé d'eux depuis qu'il a quitté sa femme, il y a de cela dix ans. Leur beau-père a permis à leur mère de retrouver le bonheur ; il a aussi financé leurs études. Ils éprouvent pour ce beau-père plus d'affection que pour leur père : « Si ma mère disparaissait, on s'occuperait de notre beau-père, on se ferait adopter par lui. »

Le droit français prévoit que, même en cas de conflit grave avec le parent, un juge peut accorder un droit de visite et d'hébergement à un tiers dans l'intérêt de l'enfant si celui-ci en manifeste le désir ou si le tiers peut établir que le lien créé avec l'enfant est important. Mais il ne faut pas rêver ! Pour continuer à voir des enfants qui ne sont pas les vôtres, qui ne portent pas votre nom et que vous n'avez ni reconnus ni adoptés, il faut vraiment une grande affection réciproque... Ils doivent déjà partager leur temps entre leur père et leur mère, sans compter les grands-parents, parfois divorcés eux aussi. Il reste donc peu de place pour un ex-beau-parent, surtout à l'adolescence, moment où les amis comptent plus que la famille, ce qui est normal et quelquefois salutaire.

Dans mon enquête, il apparaissait que les belles-filles étaient souvent plus désireuses que les beaux-fils de garder le contact avec leur beau-parent :

> « Ma vraie famille, c'est quand même mes parents. Claude [le beau-père], je ne le reverrai pas si ma mère disparaissait ; je ne crois pas. Et Janine [la belle-mère], juste pour ma petite sœur. »
>
> Matthieu, quinze ans

> « Bien sûr, s'il se séparait de ma mère, je garderais contact avec lui, même en me cachant. »
>
> Justine, dix-sept ans

Quand, dans une fratrie, les enfants ont des relations différenciées avec leur beau-parent, les filles plus que les garçons expriment l'intention de garder contact avec leur beau-parent. Cependant, même si la relation avec le beau-parent a été difficile, même si la séparation est accueillie avec soulagement, quand les enfants ont vécu petits cinq à huit ans avec lui, son départ est plutôt douloureux. Il ne les incitera pas à faire confiance à la durabilité du sentiment amoureux. Toutefois, peut-être seront-ils mieux armés que d'autres devant ce que bien des sociologues prévoient comme avenir de la famille : un réseau constitué par l'enfant au long d'une trajectoire qui se complexifie, alternant périodes de vie avec un seul parent et périodes de recomposition familiale. L'espoir est que, malgré cette vie conjugale plus précaire, les pères et les mères continuent à exercer les responsabilités découlant de leur lien indissoluble avec leurs enfants : on ne divorce pas de ses enfants.

CONCLUSION

Il faut que les recompositions soient un succès. En effet, elles doivent concilier ce qu'il y a de contradictoire entre l'intérêt de l'enfant – valeur fondamentale de notre société – et la séparation de couples que l'amour n'unit plus. Le nombre de divorces ou de séparations avec enfants ne baissera pas, car nous sommes devenus très exigeants quant au bonheur que nous attendons de la vie de couple. La liberté de se quitter quand on ne s'aime plus est l'envers du bonheur de vivre ensemble quand on est amoureux. Il est donc probable que de nombreux enfants seront confrontés à la séparation de leurs parents. En revanche, nous constatons heureusement que les enfants perdent moins souvent que par le passé leurs liens avec leur père, et que l'idée de l'indissolubilité du lien parent-enfant transforme les mentalités et les pratiques.

La réussite des recompositions familiales représente donc un enjeu personnel et social considérable. Il s'agit d'éviter que l'éducation des enfants se limite au cadre des familles mère-enfants, et que des jeunes fassent successivement l'expérience de plusieurs divorces parentaux.

Or un nombre non négligeable d'enfants vivent douloureusement certains aspects de la recomposition et ont du mal à s'adapter. Trop de recompositions familiales échouent parce qu'on n'a pas bien mesuré les difficultés qu'elles suscitent ni envisagé à temps les possibilités d'y remédier. La plupart des personnes dont la famille recomposée s'est décomposée se sont lancées avec naïveté dans l'aventure, sans se poser de questions sur la façon dont leur nouveau (nouvelle) conjoint(e) et leurs enfants allaient réagir.

La lecture de ce petit livre vous a peut-être inquiété(e) ? Vous n'aviez pas pensé à tous ces problèmes ? Il est vrai qu'il est désagréable d'avoir à envisager que ceux que l'on aime ne s'aiment pas d'emblée, et que tout le monde ne sera pas spontanément dans l'harmonie. Mais ce livre aura rempli son office s'il a aidé chacun à y voir plus clair et à trouver des pistes pour résoudre les difficultés que tous ceux qui recomposent une famille ont à affronter. Toute réussite implique qu'on identifie au préalable les obstacles qui peuvent surgir afin de s'y préparer.

Pour vous rassurer, sachez que la majorité des jeunes et des adultes de familles recomposées vont bien. On a constaté que les jeunes qui résident chez un parent dont le remariage a été durable sont très attachés à leur famille recomposée. Beaucoup d'enfants – surtout des garçons – tirent avantage de la venue dans leur famille d'un homme qui, en plus de leur père, constitue pour eux un modèle à suivre. Les enfants peuvent tirer parti d'un élargissement de leur réseau familial. Par ailleurs, l'exemple de leurs parents leur aura montré que si la vie n'est pas un long fleuve tranquille, après avoir traversé des épreuves et peut-être renoncé à certains rêves, on peut retrouver la chaleur des liens familiaux.

BIBLIOGRAPHIE

Pour les enfants

Contrairement aux contes d'autrefois où la marâtre était toujours cruelle et jalouse, maltraitant ses beaux-enfants, telle la belle-mère de Cendrillon, la littérature pour enfants d'aujourd'hui produit des récits offrant une image positive des recompositions familiales. Les auteurs ont à cœur d'aider les enfants à considérer leur situation avec espoir, et ils leur présentent une image des beaux-parents bien différente de celle de jadis.

Le beau-père, patient et généreux, gagne à être connu, et le père accepte sans mal que le nouvel ami de maman prenne sa place à la table de la famille. La mère qui pleurait parce que le père était parti, vite consolée, est amicale à l'égard de son ex-conjoint et décontractée avec sa nouvelle compagne. Dans un ouvrage, elle va jusqu'à tricoter des chaussons pour le nouveau-né de celle-ci, qui sera le demi-frère de ses enfants !

Quant à la belle-mère, c'est une marraine-fée. Gaie, affectueuse, elle fait de bons gâteaux, offre des cadeaux magnifiques et s'occupe de tous les problèmes matériels que le père, triste et débordé quand il était seul, ne parvenait pas à résoudre.

Souvent, c'est l'enfant lui-même qui remarie son parent, triste d'être seul, et qui choisit son beau-parent : nous sommes dans une société imaginaire où les enfants choisissent leurs parents ! Même si l'on peut critiquer cette vision un peu simpliste, offrir l'un de ces albums ou de ces romans (selon l'âge) à un enfant vivant dans une famille recomposée peut l'aider à dédramatiser, à voir que son cas n'est pas unique et à trouver les mots pour dire ce qui va et ce qui ne va pas dans sa situation. Parler avec lui du livre qu'il a lu est un bon moyen d'engager la conversation et de mieux le comprendre.

Pour les plus petits

A. de BODE et R. BROERE, *Tu seras toujours mon papa,* Hatier, 1996.

Leach NORMAN, *La Marâtre,* Kaléidoscope, 1992.
[Thomas a une nouvelle belle-mère. Malgré ce qu'en pense papa, Thomas sait qu'en réalité, c'est une affreuse sorcière, laide et méchante. Il la déteste. Et rien ne le fera changer d'avis, non, rien…]

Michel PIQUEMAL, *Cadet Rousselle a deux maisons,* Père Castor-Flammarion, 1997.

À partir de six ans

Chantal CAHOUR, *Touche pas à mon père,* Rageot Hatier, 1993.
[Il y avait avant, avant que papa soit parti, et il y a après, c'est-à-dire maintenant. Mais Adeline et son petit frère n'ont pas dit leur dernier mot. À grand renfort de ruses géniales, ils entreprennent de faire revenir leur père sur sa décision…]

Pierrette FEUTIAUX, *Mon frère au degré X,* L'École des loisirs, 1994.

Véronique LE NORMAND, *J'ai perdu mon chat,* Thierry Magnier, 2004.

Annalena MCAFEE, *Des invités bien encombrants,* Kaléidoscope, L'École des loisirs, 2001.
[Katy habite seule avec son papa au bord de la mer. Elle savoure son bonheur paisible jusqu'au jour où papa reçoit des invités… qui deviennent vite des habitués. Kathy doit partager son papa, sa maison, ses jouets. Décidément, ces invités sont bien encombrants.]

Véronique NITSCH, *Une maman sur mesure,* Père Castor-Flammarion, 1996.
[Thibaud vit seul avec son père ; Émilie vit seule avec sa mère. Thibaud et Émilie sont inséparables. Mais un jour, le monde s'écroule autour d'eux : Émilie et sa mère doivent déménager. Alors les deux amis vont tout mettre en œuvre pour rester ensemble.]

Michel PIQUEMAL, *Emma a deux maisons,* Père Castor-Flammarion, 2004.

Dominique de SAINT-MARS et Serge BLOCH, *Léon a deux maisons,* Bayard, 1996.
[Les parents de Léon ont divorcé ; alors il a deux maisons. Il vit avec sa mère, il voit souvent son père. Un jour son père se remarie. Et ça se complique… Dans la vie de Léon arrivent une belle-mère, la fille de sa belle-mère, et bientôt, un demi-frère ! Ah, c'est vraiment dur d'aimer tout le monde !]

À partir de dix ans

Anne FINE, *L'Amoureux de ma mère,* L'École des loisirs, 1990.

[Dès que Gérard a téléphoné pour emmener sa mère au cinéma, Kitty a su que ce serait la guerre. Sa manière de parler, sa manière de vivre, de vouloir tout régenter, son ventre rond, sa calvitie, ses cinquante ans en faisaient plus qu'un intrus, un ennemi, une bête d'une autre espèce. Mais assez rapidement, il est apparu qu'il s'incrustait de manière très efficace.]

Vanessa RUBIO, Sophie DIEUAIDE, *Ma mère se remarie !*, Autrement Junior, 2001.

Nadine WALTER, *Ça chauffe à la maison*, Rageot, 2000.

Jacqueline WILSON, *À la semaine prochaine*, Gallimard Jeunesse, 2000.

À partir de quatorze ans

France BONNETON, *Une nouvelle famille, c'est pas facile*, La Martinière Jeunesse, 2001.

Guillaume LE TOUZE, *Seule au monde*, Gallimard Jeunesse, 1998.
[« Nina, tu m'écoutes ? Dans la vie on ne fait pas toujours ce qu'on voudrait faire... Tu sais pourquoi ? parce qu'on n'est pas seul au monde. Ce que nous faisons, ceux que nous aimons en subissent les conséquences... C'est pour ça que je voudrais te parler de toi et moi... Je suis l'ami de ta mère. Tu es la fille de Martine, c'est comme ça, nous n'y pouvons rien, ni toi ni moi. »]

Sophie TASMA, *Emma*, L'École des loisirs, 1995.
[Pierre a donné plusieurs belles-mères à ses deux enfants, Jérôme et Emma. Jérôme est le fils de Nina, sa première femme, et Emma la fille de Léa, la deuxième. Pierre s'est

remarié une troisième fois avec Irène. Irène est une belle-mère terriblement parfaite.]

Sur les recompositions homosexuelles

Latifa ALAOUI, Stéphane POULIN, *Marius,* L'Atelier du poisson soluble, 2004.
[Maintenant maman a un amoureux et mon papa aussi. L'amoureux de maman n'aime pas qu'on lui coupe la parole et l'amoureux de papa rouspète quand je parle en même temps que le monsieur de la télévision.]

Pour les adultes

Sylvie CADOLLE, *Être parent, être beau-parent, la recomposition de la famille,* Odile Jacob, 2000.

Sylvie CADOLLE, *Deux maisons pour grandir,* Marabout, 2004.

Danièle LAUFER, *Traité de savoir-vivre à l'usage des familles recomposées,* Calmann-Lévy, 1996.

Didier LE GALL, Yamina BETTAHAR, *La Pluriparentalité,* PUF, 2001.

Agnès MARTIAL, *S'apparenter,* Maison des sciences de l'homme, 2003.

Irène THÉRY, *Recomposer une famille, des rôles et des sentiments,* Textuel, 1995.

Irène THÉRY, *Couple, filiation et parenté aujourd'hui,* Odile Jacob, 1998.

TABLE DES MATIÈRES

AVERTISSEMENT 7
INTRODUCTION 9

1. BEAUCOUP DE QUESTIONS, QUELQUES RÉPONSES

Qu'est-ce qu'une famille recomposée ? 17
Autrefois, la marâtre 17
Autrefois, le parâtre... 21
Aujourd'hui, les nouvelles tribus ?.. 22
Qu'est-ce qu'un « beau-parent » ? 25
Quel est le rôle d'un « beau-parent » ?................................. 26
  Le modèle du parent adoptif... 27
  Le modèle du couple parental indissoluble 27
  Une place à trouver 28
Questions de vocabulaire 29
Comment se portent les familles recomposées ? 30
  En ce qui concerne les familles elles-mêmes 30
  En ce qui concerne les enfants... 33
De quel type de famille recomposée faites-vous partie ?........ 35
  *Premier type : les fratries où le beau-parent n'a pas
  d'enfant à lui (ou dont les enfants ne résident pas avec lui)* 35

Deuxième type : les fratries à demi-frères (demi-sœurs) 36
Troisième type : les fratries à quasi-frères (quasi-sœurs) 37
Quatrième type : les fratries à enfants de trois filiations différentes 38

Comment évaluer vos atouts et vos risques ? 41

Des circonstances qui ne dépendent pas de vous 41

Quels sont vos atouts ? 41

1. Le bel-enfant est petit ou a plus de dix-huit ans 43
2. L'attitude du parent extérieur 44
3. Le beau-parent n'a pas encore d'enfant 48
4. Le beau-parent devient le parent d'un demi-frère ou d'une demi-sœur 48
5. Des conditions matérielles favorables 49

Quels sont vos risques ? 51

1. Recomposer quand les beaux-enfants entrent dans l'adolescence 51
2. Le parent extérieur hait le beau-parent et cherche à le démolir aux yeux de l'enfant 52
3. Les deux parents sont toujours en conflit grave 55
4. Le parent qui recompose une famille entretient avec son enfant une relation fusionnelle 56
5. Les deux conjoints ont déjà des enfants (de moins de vingt ans) au moment de la recomposition 58
6. Les enfants du parent et ceux du beau-parent ne s'entendent pas 61
7. Le bel-enfant est considéré par son beau-parent comme sans-gêne, mal élevé et insolent 62
8. La relation amoureuse du couple recomposant est conflictuelle 66

9. Êtes-vous belle-mère ou beau-père ?..................68
10. Beau-fils ou belle-fille ?..................69

Le beau-parent remplacera-t-il l'autre parent ?..............71

Le parent extérieur joue-t-il son rôle de parent ?.....................71
  Un lien préservé par la loi..................71
  Un lien qui a tendance à se détendre 72

Comment expliquer l'effacement des pères ? 72
  La distance géographique..................72
  *L'absence de confiance de la mère
  dans les capacités éducatives du père (et réciproquement)*........73
  *En cas de recomposition, une mauvaise relation
  entre la belle-mère et l'enfant* 75

Quand le beau-parent remplace le parent..................76
  Le beau-père comme un père..................76
  La belle-mère comme une mère..................78

Le beau-parent peut-il adopter l'enfant de son conjoint ?......79
  L'adoption simple..................79
  Des conséquences pas si simples 80

Quels sont les droits du beau-parent à l'égard
de ses beaux-enfants en cas du décès de son conjoint ? 81

Recomposition d'un couple ou d'une famille ? 82

Qu'implique la recomposition familiale ?............................83

L'autorité du beau-parent 83
  L'autorité refusée..................84
  L'autorité impossible..................84
  Cautionner l'autorité du beau-parent..................85

La recomposition conjugale 87
Faire un enfant ensemble, est-ce bien raisonnable ? 90

Tous frères et sœurs ? 92
La fraternité : un lien fort 93
L'arrivée du demi-frère (ou de la demi-sœur) 94
Les demi-frères (sœurs) par la mère 97
Les demi-frères (sœurs) consanguin(e)s 99
Les quasi-frères (quasi-sœurs) 101

Les « beaux-grands-parents » 105
Que peut-on attendre des beaux grands-parents ? 106
Quand la recomposition a lieu à la génération des grands-parents 106
Quand la recomposition a lieu à la génération des enfants des grands-parents 108

La question de l'argent 112
La pension alimentaire 112
Quels sont les devoirs financiers du beau-parent ? 113
Les disparités financières hommes-femmes 115
Qui doit payer ? 115

Famille recomposée et sexualité 118
Les relations sexuelles entre bel-enfant et beau-parent 118
Avec un bel-enfant mineur 118
Avec un bel-enfant majeur consentant 118
Quand quasi-frères et quasi-sœurs sortent ensemble 120

Table des matières

2. Mettez toutes les chances de votre côté

Dix conseils au parent qui recompose une famille...... 124

1. Renoncer au rêve de la substitution magique 124
   Un passé toujours présent 124
   La recomposition est un défi 125

2. Ne pas demander à votre nouveau conjoint
d'aimer vos enfants comme s'ils étaient les siens 126

3. Se mettre d'accord avec le beau-parent pour savoir
s'il sera l'éducateur de vos enfants. Si oui, le cautionner
en toute occasion 127

4. Ne pas exhiber votre relation amoureuse
devant les enfants 129

5. Essayer d'informer votre ex-conjoint(e)
de la recomposition et d'apaiser les vieux conflits 130
   Informer l'autre 131
   Entretenir de bonnes relations 132

6. Prévenir l'enfant qu'il va avoir un beau-parent 134
   Comment annoncer la nouvelle 134
   Parler avec l'enfant 135

7. Rassurer l'enfant 136

8. Poser un cadre à l'enfant pour qu'il respecte des règles
de comportement à l'égard du beau-parent 139
   Définir un code de conduite 140
   Tenir compte de la susceptibilité de l'enfant 141

9. Ne pas ignorer les conflits :
en parler, expliquer, arbitrer 142

10. Clarifier les questions d'argent
avec son nouveau conjoint et avec les enfants adolescents.... 145
> *Conseils au père qui recompose un couple* 145
> *Conseils à la mère qui recompose un couple* 147

Dix conseils au beau-parent 147

1. Ne pas se prendre pour le parent 147
> *Respecter la place généalogique du parent* 148
> *La place générationnelle du beau-parent* 149

2. Préciser vos rôle et place avec votre conjoint(e) 150

3. Si vous n'êtes pas cautionné comme éducateur,
renoncez à faire preuve d'autorité envers votre bel-enfant 151

4. Chercher à faire connaissance directement
avec l'enfant hors de la présence de son parent 153

5. Ne jamais dire du mal du parent extérieur
ou de votre conjoint(e) devant l'enfant 154

6. Rapprocher l'enfant de son parent, apaiser les conflits
dans sa famille 155
> *Par rapport à l'enfant* 155
> *Par rapport à votre conjoint(e)* 157
> *Par rapport au parent extérieur* 157

7. Encourager les moments de tête-à-tête du parent
et de ses enfants 158

8. Ne jamais adresser de critiques ou de reproches
directs à vos beaux-enfants. Saisir les occasions
de les complimenter 159

9. Demander à emménager dans un nouveau domicile 162

10. Se faire aider si la communication devient
trop difficile. Consulter un thérapeute familial 164

Si la famille recomposée se décompose 165
S'il y a un « enfant de la recomposition » 165
Que devient le lien beau-parent bel-enfant ? 166
Un lien rarement maintenu… 166
… sauf cas particulier. 167

Conclusion 171

Bibliographie 173
Pour les enfants 173
Pour les adultes 177

EN POCHE AUX ÉDITIONS MARABOUT

Psychologie

150 tests d'intelligence, J. E. Klausnitzer, n° 3529
À quoi rêvent les femmes… et ce qu'en pensent les hommes, F. Ploton, n° 3692
Amour, famille et trahison, N. Prieur, n° 3736
Amour sans condition (L'), L. L. Hay, n° 3662
Analyse transactionnelle (L'), R. de Lassus, n° 3516
Apprivoiser le deuil, M. Ireland, n° 3677
Art de la simplicité (L'), D. Loreau, n° 3720
Art des listes (L'), D. Loreau, n° 3748
Au secours! Je vis avec un(e) narcissique, Carter et J. Sokol, n° 3721
Be happy, D. Koffmann, n° 3697
Bientraitance (La), P. Chalon, n° 3753
Biologie de l'amour (La), A. Janov, n° 3746
Boostez votre cerveau, G. Azzopardi, n° 3710
C'est (presque) toujours de la faute des hommes, R.-M. Alter, n° 3729
Ce que veulent les hommes, B. Gerstman, C. Pizzo et R. Seldes, n° 3672
Cerveau des mères (Le), K. Ellison, n° 3726
Ces amours qui nous font mal, P. Delahaie, n° 3706
Ces gens qui vous empoisonnent l'existence, L. Glas, n° 3597
Cette famille qui vit en nous, C. Rialland, n° 3636
Changez de vie en 7 jours, P. McKenna, n° 3719
Cinq Entretiens avec le Dalaï-Lama, Sa Sainteté le Dalaï-Lama, n° 3650
Communication efficace par la PNL (La), R. de Lassus, n° 3510
Couples : la formule du succès, P. Mc Graw, n° 3715
Dictionnaire des rêves, L. Uyttenhove, n° 3542
Efficace et épanoui par la PNL, R. de Lassus, n° 3563
Éloge de la lenteur, C. Honoré, n° 3731
Éloge du luxe, T. Paquot, n° 3725
Ennéagramme (L'), R. de Lassus, n° 3568
Et moi alors ?, P. Mc Graw, n° 3730
Être la fille de sa mère, P. Delahaie, n° 3727
Fais-toi confiance, I. Filliozat, n° 3723
Force est en vous (La), L. L. Hay, n° 3647
Gestalt, l'art du contact (La), S. Ginger, n° 3554
Grandir avec ses enfants, N. Prieur, n° 3734
Hommes, les femmes, etc. (Les), E. Willer, n° 3679
Hommes préfèrent les garces (Les), F. Ploton, n° 3724
Intelligence du cœur (L'), I. Filliozat, n° 3580
Interprétation des rêves (L'), P. Daco, n° 3501
Je t'en veux, je t'aime, I. Filliozat, n° 3699

Libérez-vous ! Dr Barefoot, n° 3733

Langage des gestes (Le), D. Morris, n° 3590

Méditer au quotidien, H. Gunaratana, n° 3644

Mère-fils, l'impossible séparation, A.-L. Gannac, n° 3711

Mesurez votre Q.I., G. Azzopardi, n° 3527

Méthode Coué (La), E. Coué, n° 3514

Notre capital chance, Dr R. Wiseman, n° 3691

Nouvelles solitudes (Les), M.-F. Hirigoyen, n° 3749

On gère sa vie, on ne la subit pas, P. McGraw, n° 3704

Oser être soi-même, R. de Lassus, n° 3603

Osez briser la glace, S. Jeffers, n° 3673

Osez le grand amour, S. Jeffers, n° 3716

Parents toxiques, Dr S. Forward, n° 3678

Pères d'aujourd'hui, filles de demain, V. Colin-Simard, n° 3693

Petit Livre de sagesse du Dalaï-Lama (Le), B. Baudouin, n° 3702

Plénitude de l'instant (La), T. Nhat Hanh, n° 3655

Pourquoi les femmes se prennent la tête ? S. Nolen-Hoeksema, n° 3722

Pouvoir de la bonté (Le), Sa Sainteté le Dalaï-Lama, n° 3703

Prodigieuses Victoires de la psychologie (Les), P. Daco, n° 3504

Psy de poche (Le), S. Mc Mahon, n° 3551

Puissance de la pensée positive (La), N. V. Peale, n° 3607

Quand les enfants partent, A. Schapiro-Niel, n° 3707

Que se passe-t-il en moi ? I. Filliozat, n° 3671

Réussir le nouveaux tests de Q.I., G. Azzopardi, n° 3714

Rupture : petit guide de survie, D. Hirsh, n° 3689

Secrets de famille, mode d'emploi, S. Tisseron, n° 3573

Sexe des larmes (Le), Dr P. Lemoine, n° 3688

Thérapie du bonheur (La), Dr É. Jalenques, n° 3682

Tout ce que les hommes ignorent et que les femmes n'avoueront jamais, D. McKinlay, n° 3708

Tout se joue en moins de 2 minutes, N. Boothman, n° 3675

Transformez votre vie, L. L. Hay, n° 3633

Tremblez mais osez ! S. Jeffers, n° 3669

Triomphes de la psychanalyse (Les), P. Daco, n° 3505

Un peu de sagesse dans un monde de brutes, Dr Barefoot, n° 3754

Vie que je veux ! (La), Dr Barefoot, n° 3751

Vie à bras-le-corps (La), S. Jeffers, n° 3690

Vie est immense (La), S. Jeffers, n° 3718

Vivre en paix, T. Janssen, n° 3740

Ze love book, Frapar, n° 3712

Santé – Forme – Sexualité

40 ans pour longtemps, M. Bulher et J. Rousselet-Blanc, n° 2883
130 desserts pour diabétiques, C. Fouquet et C. Pinson, n° 2910
130 plats uniques minceur, T. Ellul-Ferrari, n° 2852
130 recettes anti-cholestérol, L. Cariel, D. Chauvois, C. Gouesmel, n° 2890
130 recettes bien-être, L. Cariel, D. Chauvois, n° 2891
130 recettes minceur, T. Ellul-Ferrari, n° 2841
130 recettes sans sel, C. Gouesmel, C. Pinson, n° 2914
130 recettes ventre plat, C. Pinson, n° 2922
130 recettes végétariennes, C. Pinson, n° 2925
130 recettes sans gluten, C. Pinson et S. Giacobetti, n° 2906
177 façons d'emmener une femme au septième ciel, Saint-Loup, n° 2783
203 façons de rendre fou un homme au lit, J. Saint-Ange, n° 2771
208 nouvelles façons de rendre un homme fou de désir, Saint-Loup, n° 2834
302 techniques avancées pour rendre fou un homme, Saint-Ange, n° 2898
365 jours de sexe, L. L. Paget, n° 2911
Alimentation antioxydante (L'), Dr S. Rafal, n° 2840
Alternative aux antibiotiques (L'), Dr G. Pacaud, n° 2905
Art de faire l'amour à un homme (L'), L. L. Paget, n° 2874
Art de faire l'amour à une femme (L'), L. L. Paget, n° 2875
Aux petits maux les bons remèdes, Dr G. Pacaud, n° 3209
Best Sex, T. Cox, n° 2880
Bien nourrir sa peau, Dr N. Pomarède, n° 2897
C'est trop bon ! la forme en 200 recettes, Dr D.-A. Cassuto, n° 2912
Cancer, toutes vos questions, toutes les réponses, M. Carrère d'Encausse et M. Cymès, n° 2926
Cerveau en pleine forme (Un), A. Dufour, n° 2878
Comment faire l'amour à un homme, A. Penney, n° 2737
Comment faire l'amour à une femme, M. Morgenstern, n° 2738
Comment gérer son stress, V. Pieffer, n° 2808
Comment vivre longtemps sans faire de vieux os, Dr S. Rafal, n° 2913
Découvrir le Feng Shui, S. Brown, n° 2802
Décrochez ! Dr S. Angel, n° 2893
Détox anti-âge, Dr D. Lamboley, n° 2909
Diététique du Yin et du Yang, Dr C. You-Wa, n° 2920
Do-in, a voie e l'énergie, A.-B. Leygues, n° 2921
Et si c'était la thyroïde ? Dr P. Nys, n° 2903
Feng Shui santé (Le), R. Saint-Arnauld, n° 2856
Fini les rhumatismes ! Dr J.-L. Dervaux, n° 2900

Guide des fleurs du Dr Bach (Le), P. Ferris, n° 2835
Guide des pierres de soins (Le), R. Boschiero, n° 2831
Guide du Feng Shui (Le), R. Saint-Arnauld, n° 2817
Guide pratique antidouleur, Dr S. Rafal, n° 2917
Hanches et fesses parfaites en 10 minutes par jour, L. Raisin, n° 2768
Livre de bord de la future maman, Dr M.-C. Delahaye, n° 2717
Maigrir, l'anti-régime, Dr D. Benchetrit, n° 2919
Maigrir, trouver votre poids idéal, Dr A. Cocaul, n° 2894
Maigrir selon son profil hormonal, Dr P. Nys, n° 2865
Médecine traditionnelle chinoise : une introduction, Dr J.-M. Kespi, n° 2928
Mes secrets pour garder la ligne... sans régime, J. Andrieu, n° 2931
Mémoire du corps (La), P. Hammond, n° 2901
Ménopause au naturel (La), Dr S. Rafal, n° 2868
Migraines et maux de tête, Dr J.-L. Dervaux, n° 2882
Mince... je fonds et ça dure ! Drs D. Arsac, M. Gourmelon et C. Paturel, n° 2915
Nouveaux Remèdes naturels (Les), J.-M. Pelt, n° 2869
Orgasme sans tabou (L'), L. L. Paget, n° 2885
Plaisir sans les kilos (Le), Dr A. Cocaul, n° 2930
Pour en finir avec le tabac, Dr J.-L. Dervaux, n° 2847
Pouvoir des plantes (Le), J. A. Duke, n° 2934
Pratique du massage chinois, Dr Y.-W. Chen, n° 2907
Régime anti-âge (Le), Dr R. C. Atkins, n° 2884
Régime brûle-graisses (Le), C. Pinson, n° 2867
Régime soupe (Le), C. Pinson, n° 2829
Régimes, vérités et mensonges, L. Nugon-Baudon et E. Lhoste, n° 2935
Régime zen (Le), C. Pinson, n° 2908
Remèdes de santé d'Hildegarde de Bingen (Les), P. Ferris, n° 2859
Se soigner par l'homéopathie, Dr G. Pacaud, n° 2727
Secrets du régime crétois (Les), Dr J.-P. Willem, n° 2827
Sex coach, F. Ploton, n° 2927
Sex toys, faites-vous plaisir, C. Foch et A. Helary, n° 2916
Sommeil, c'est vital (Le), Dr G. Pacaud, n° 2896
Sophrologie facile (La), Dr Y. Davrou, n° 2794
Super Sexe : tout ce qu'une femme doit savoir, Sacha Fauster, n° 2924
Trucs et astuces de beauté, S. Lacoste, n° 2839
Trucs et astuces de santé, S. Lacoste, n° 2838
Ventre plat en 10 minutes par jour (Un), L. Raisin, n° 2767
Yoga de Davina (Le), D. Delor, n° 2918

Photocomposition Nord Compo
Imprimé en Allemagne par GGP Media GmbH

Pour le compte des Éditions Marabout.
Dépôt légal : Mars 2009
ISBN : 978-2-501-06109-4
Codif. : 40.5045.6
Édition 01